Les PETITS TRUFFAUT

Bassins
tout simples

Les PETITS TRUFFAUT

Bassins
tout simples

Philippe Asseray

LAROUSSE

21 Rue du Montparnasse 75283 Paris cedex 06

SOMMAIRE

ISBN 978-2-03-583562-8

LES PICTOGRAMMES

- Exposition ensoleillée
- Exposition mi-ombre
- Exposition ombre
- Taille de la plante
- Temps de réalisation
- Renvois

Les 11 Gestes

Les gestes de base du jardinage

à connaître

1 Créer un bassin

Parmi les différentes techniques possibles pour créer un bassin, le film souple, ou « liner », est la solution la plus simple et la moins onéreuse. Elle permet en outre de réaliser toutes les formes imaginables.

Quand installer le bassin ?

En automne, quand il fait doux : il est alors plus agréable de travailler dehors et le liner est aussi plus souple et plus facile à manipuler. De plus, c'est une saison où l'on accepte plus facilement que le jardin soit en chantier ! Son installation terminée, le bassin se stabilisera durant l'hiver, avant l'introduction au printemps des plantes et des poissons.

Les étapes de l'installation

1. Matérialisez la forme du bassin avec un tuyau. Épandez un cordon de plâtre le long du tuyau.

2. Creusez le premier palier du bassin, à 15 cm de la surface du sol.

3. Creusez le deuxième niveau au milieu de ce premier plateau, en laissant une bande de 20 cm tout autour. Descendez à 20 ou 30 cm de profondeur. Décollez la pelouse autour du bassin, sur environ 20 cm de largeur, et au moins 5 cm d'épaisseur. Vérifiez la parfaite horizontalité du fond du bassin. Pour les futures plantes, creusez une ou plusieurs fosses de 40 cm de diamètre sur 20 cm de profondeur.

4. Nettoyez la surface. Retirez tout ce qui pourrait percer le liner : pierre, racine ou éléments tranchants. Déroulez le liner, et soulevez-le (en vous faisant aider), pour le déposer sur le trou. Maintenez-le en place sur la berge avec des cailloux ou des briques.

5. Faites glisser un tuyau d'arrosage au centre du liner et ouvrez le robinet à débit modéré. **Le poids de l'eau** va progressivement faire descendre le liner.

6. Quand le bassin est plein, **coupez l'excédent de membrane** à l'aide d'une paire de ciseaux, de manière à ne garder qu'une largeur suffisante pour être rabattue sous la pelouse décollée. Retournez la bande de pelouse dessus, en tassant fermement. Arrosez immédiatement pour favoriser la reprise du gazon.

Les outils

Une pelle et une pioche, ou une minipelleteuse, un tuyau d'arrosage, un niveau et une règle de maçon, une paire de ciseaux coupe-tout.

Bon à savoir

Pour calculer la dimension du liner à acquérir en fonction du bassin envisagé, retenez la formule suivante :

- **Longueur** de la bâche = plus grande longueur du bassin + 2 fois la profondeur + 1 m pour les bords.
- **Largeur** = plus grande largeur du bassin + 2 fois la profondeur + 1 m pour les bords.

Exemple : pour un bassin de 3 x 4 m pour 0,80 m de profondeur, il faut une bâche de 4 + 2 x 0,80 + 1 de long et 3 + 2 x 0,80 + 1 de large, soit 6,60 m par 5,60 m.

S.O.S.

Le liner ne risque-t-il pas de se percer ?

Protégez votre liner contre les pierres qui pourraient apparaître par le fond, en installant d'abord un feutre de jardin sur toute la surface du bassin. Sachez aussi qu'il existe sur le marché des matériaux (caoutchouc synthétique vulcanisé, etc.) beaucoup plus résistants et moins polluants que les liners classiques en PVC.

avec un film souple

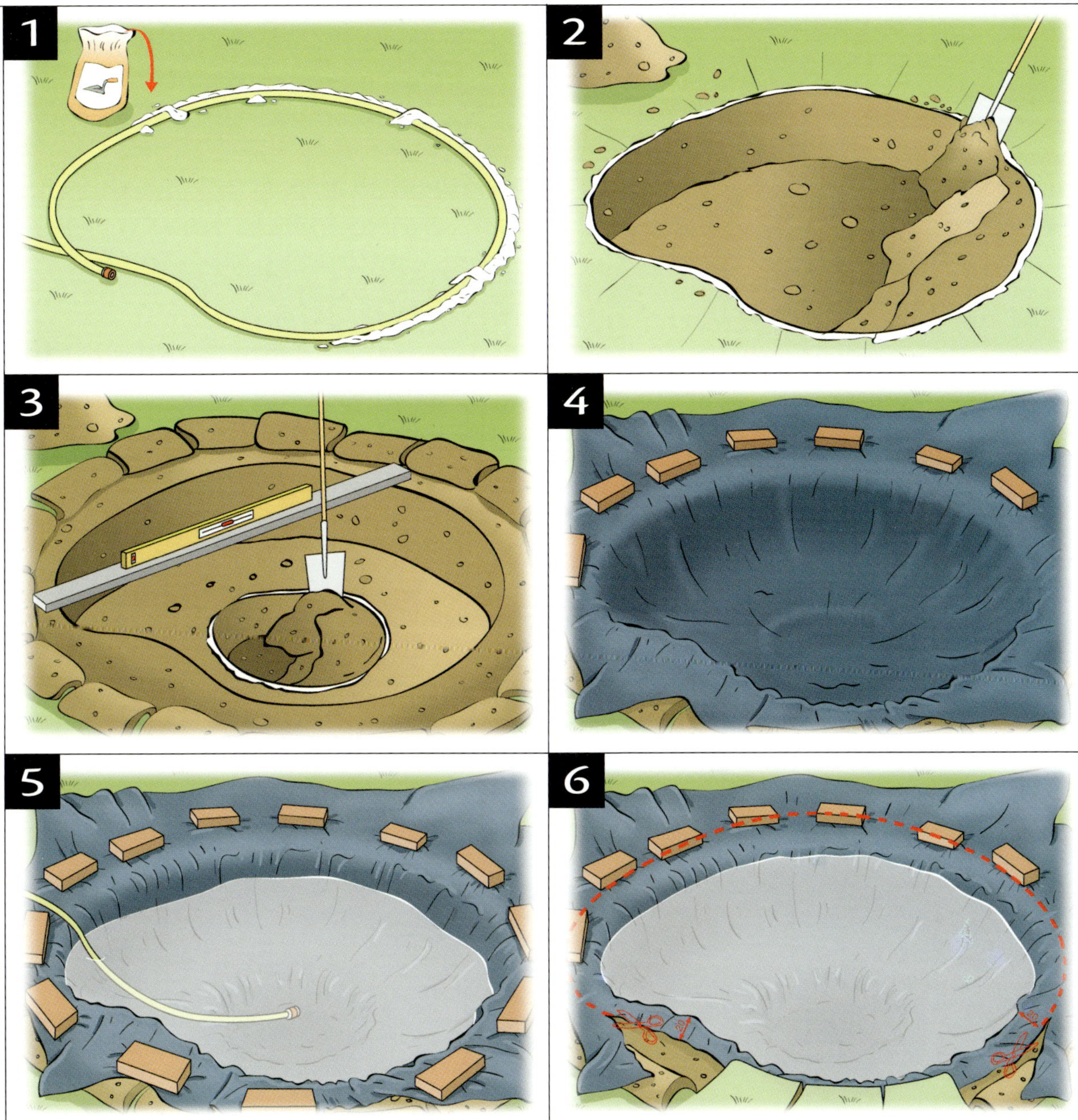

2 Installer un bassin

Pour un bassin d'une superficie inférieure à 5 m^2, la solution du bac préfabriqué est simple à mettre en œuvre : légers et faciles à manipuler, ces bacs sont imputrescibles et offrent une bonne résistance aux chocs. Qu'ils soient en polyéthylène, en fibres de verre ou en polyester, ils existent dans différentes finitions, certaines imitant même la pierre.

Quand installer le bassin ?

Toute l'année : cela peut même se faire en hiver, en évitant simplement les jours de gel, car vous allez devoir utiliser de l'eau.

Les étapes de la mise en place

1. **Posez la structure au sol,** à l'endroit choisi. Fichez en terre des baguettes de bambou tout autour, bien perpendiculairement, et **matérialisez la forme** sur le sol avec un tuyau. Plus vous mettrez de baguettes, et plus la forme au sol sera précise. Épandez un cordon de plâtre le long du tuyau.

2. **Creusez** un trou de la profondeur du bac, plus 10 cm. Assurez-vous que le fond soit proche de l'horizontalité. Retirez toutes les racines et tous les cailloux sur lesquels la coque pourrait prendre appui, créant un porte-à-faux.

3. **Épandez une couche de 10 cm de sable** au fond du trou. Faites-vous aider pour soulever et **descendre doucement le bassin** dans le trou. Vérifiez l'horizontalité du fond du bassin et de ses rives. Rectifiez si nécessaire, en enfonçant le bac dans le sable par de petits mouvements de rotation.

4. **Remplissez le bassin d'eau** sur environ **un tiers de son volume** pour bien l'asseoir. Puis, comblez l'espace entre la coque et les parois de la fosse avec du sable.

5. **Pour bien faire descendre le sable** et l'obliger à garnir tous les espaces vides, faites couler de l'eau au fur et à mesure, à débit modéré, à l'aide de votre tuyau.

6. Quand l'espace est comblé tout autour, **achevez de remplir le bassin.**

Les outils

Une pelle et une pioche, ou une minipelleteuse, un tuyau, un niveau et une règle de maçon.

Bon à savoir

Attention, la profondeur des bassins préfabriqués est souvent limitée, et incompatible avec l'élevage de poissons (en hiver, ces derniers doivent pouvoir se réfugier en profondeur, là où l'eau est moins froide). Vous n'avez par ailleurs qu'un choix limité de formes disponibles, et vous ne trouverez pas de grands bassins.

S.O.S.

Mon bassin se soulève !
Attention, vous devez impérativement remplir votre bassin dès qu'il est descendu dans son trou.
Si vous le laissez vide plusieurs jours, voire plusieurs semaines, vous risquez de le voir se soulever et flotter, la nappe phréatique remontant dans les couches supérieures du sol.

préfabriqué

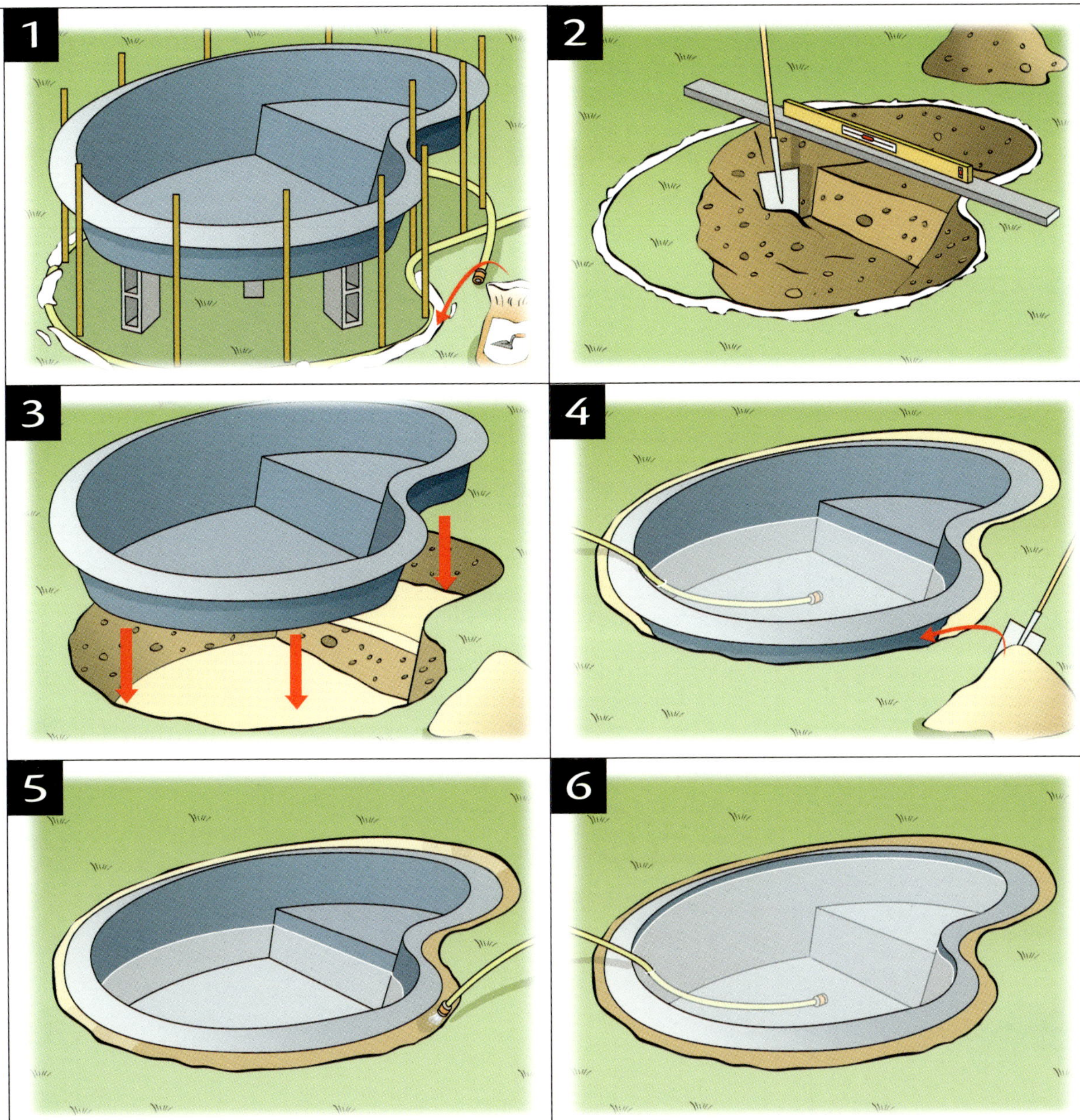

3 Installer un bassin

Très rapide à installer, sans trou à creuser, le bassin hors-sol (type baquet en bois) trouve sa place sur toutes les terrasses. La quantité d'eau étant limitée, il ne faut pas y installer plus de trois espèces de plantes.

Quand installer un bassin hors-sol ?

Les mois d'été sont une excellente période pour créer un bassin hors-sol, car c'est aussi le bon moment pour installer des plantes aquatiques. Autre avantage : vous pourrez ainsi profiter très vite de la floraison.

Les étapes de la réalisation

1. Plantez les végétaux dans des paniers de culture en suivant les conseils de la page 28. N'oubliez pas de recouvrir la surface des paniers avec des galets qui empêcheront le terreau de se répandre dans l'eau.

2. Disposez des briques au fond du bac préalablement vidé. Elles serviront de support aux différents paniers. Le nombre de briques est à adapter en fonction de la profondeur de plantation conseillée pour chaque plante.

3. Placez les paniers sur leur support de briques, et assurez-vous de leur stabilité. Les paniers de plantes exigeant une grande profondeur peuvent être déposés au fond du bassin, sans aucune brique.

4. Remplissez doucement le bac en plaçant l'extrémité du tuyau au fond du bassin. Faites couler l'eau à débit modéré pour ne pas bouleverser le terreau ou risquer de déséquilibrer les paniers.

LES OUTILS

Un tonneau, des briques, des paniers de plantation, du terreau.

S.O.S.

Mon bassin tout neuf fuit !

Les baquets en bois sont composés de lames serrées les unes contre les autres, et maintenues par un cerclage de fer. Lorsque le baquet est plein de liquide, les fibres du bois gonflent, et les lames se serrent, assurant l'étanchéité. Si vous achetez un baquet neuf, les fibres des lames de bois se sont rétractées en séchant. Des espaces peuvent donc se créer entre les lames, engendrant d'inévitables fuites lors du premier remplissage. Avant toute installation, vous devez donc remplir votre baquet d'eau, puis compléter au fur et à mesure pour compenser les fuites. Après deux jours, votre bassin ne devrait plus fuir, les lames s'étant rechargées en eau…

hors-sol

4 Filtrer l'eau

La filtration de l'eau contribue à maintenir un bon équilibre biologique. Indispensable pour tous les bassins de plus de 20 m^3, elle est nécessaire aussi pour les petits bassins exposés au soleil une partie de la journée ou susceptibles de recevoir des feuilles mortes à l'automne.

Quand filtrer l'eau ?

En permanence ! Sinon la filtration ne sera pas efficace. Cela suppose que vous ayez prévu en amont une alimentation électrique.

L'installation idéale

1. Une pompe électrique est obligatoire pour puiser l'eau du bassin et lui faire traverser le filtre. Le choix de cette pompe est important car son débit doit être en mesure de faire passer tout le volume d'eau du bassin à travers le filtre en deux heures (pour un bassin de 5 000 litres, le débit de la pompe doit être de 2 500 l/h). Optez toujours pour une pompe capable de véhiculer des déchets d'au moins 8 mm de diamètre ! Posez-la sur un support (briques, parpaings) pour qu'elle ne repose pas au fond du bassin, où elle risquerait de s'engorger.

2. Le premier stade de filtration est opéré au niveau de la surface de l'eau, au moyen **d'un skimmer.** Comme dans les piscines, il s'agit en fait d'un filtre qui récupère les déchets flottants. Un panier stocke les plus gros déchets. La pompe immergée, montée en aval, aspire les déchets les plus fins pour les refouler vers un filtre posé sur la berge.

3. Le point où l'eau est rejetée après passage à travers le filtre doit être le plus éloigné possible de l'endroit où l'eau est puisée par le skimmer. Ainsi, vous avez la certitude que la quasi-totalité de l'eau est filtrée. En hiver, remontez toujours la pompe sur un palier supérieur pour ne pas refroidir l'eau en profondeur.

4. Le filtre gravitaire est le plus performant et le plus facile à entretenir. Il s'agit d'un récipient garni de masses filtrantes en mousses : l'eau y arrive par le dessus pour sortir épurée par en dessous. Ce filtre doit être placé au-dessus du niveau de l'eau, ce qui facilite son entretien, mais oblige à le camoufler.

LES OUTILS

Un filtre, une pompe, une pince et un tournevis.

BON À SAVOIR

Le filtre UV est un complément au filtre traditionnel. Il comporte en effet une lampe à ultraviolets qui détruit les virus pathogènes, les moisissures et les fameuses algues microscopiques qui troublent l'eau. Il contribue donc à obtenir une eau limpide. Vous pouvez installer cette lampe en aval d'un filtre existant, juste avant le refoulement dans le bassin.

S.O.S.

Ma pompe s'est arrêtée et l'eau a verdi !

Les bactéries utiles présentes habituellement dans le filtre ont sans doute disparu. Il vous faut en racheter une boîte pour réensemencer votre filtre. Soyez patient, quelques jours ou quelques semaines seront nécessaires avant que la filtration biologique soit efficace et que l'eau redevienne claire.

4
3
2
1

5 Installer des plar

Les plantes de berge sont généralement des vivaces qui apprécient de pousser en terre très humide ou marécageuse, ou qui acceptent d'avoir les pieds dans l'eau au moins une partie de l'année. Ce sont elles qui assurent l'essentiel du spectacle d'une scène de bassin.

Quand installer des plantes de berge ?

Plantez-les **de mai à fin septembre,** en évitant les périodes de gel. Les espèces les plus sensibles au froid seront de préférence plantées au **printemps,** pour leur laisser le temps de s'installer avant leur premier hiver.

Les étapes de la plantation

Pour installer des plantes de berge, il faut, dès la construction du bassin, aménager ce que l'on appelle des banquettes. Il s'agit d'un ou de plusieurs minibassins situés en périphérie du bassin principal.

1. Au lieu de couper l'excédent de liner lors de l'installation du bassin, soulevez-le aux endroits où la chute est importante et **creusez une tranchée de 10 à 15 cm de profondeur** le long du bassin sur une largeur de 20 cm à 1 m environ. Au niveau de cette banquette, la berge doit être descendue de 3 à 5 cm pour que l'eau du bassin puisse s'y déverser.

2. Replacez le liner en lui faisant épouser la forme de la banquette. Il doit bien remonter au-delà de la banquette pour assurer l'étanchéité. Coupez l'excédent avec une paire de ciseaux.

3. Remplissez la banquette d'un mélange constitué pour moitié de terre de jardin et de terreau pour plantes aquatiques. **Installez les plantes de berge** de manière à ce que le sommet de leur motte corresponde au niveau du terreau. **Déposez des galets** sur le terreau pour qu'il ne soit pas entraîné dans le bassin.

4. Remplissez le bassin d'eau. Lorsqu'il sera presque plein, l'eau se déversera progressivement dans la banquette.

LES OUTILS

Une pelle, une pioche, des ciseaux coupe-tout.

BON À SAVOIR

En été, s'il fait très chaud, l'évaporation risque d'être importante. La quantité d'eau dans une banquette étant forcément limitée, il faut surveiller régulièrement le niveau de l'eau pour que les plantes ne se retrouvent pas plusieurs jours les pieds au sec ! Si vous devez vous absenter pendant les mois d'été, glissez le tuyau d'arrosage dans la banquette et reliez-le à un programmateur installé au niveau de votre robinet extérieur. Faites-le fonctionner cinq minutes tous les jours, juste pour compenser les inévitables évaporations.

S.O.S.

Et si j'utilise un bassin préfabriqué ?

Certains modèles disposent de banquettes moulées dans la coque. Il suffit de les remplir de terreau et de terre, puis de les couvrir de galets. Si votre bassin préfabriqué ne dispose pas de ces fameuses banquettes, vous devrez en réaliser une avec un liner. Mais les deux niveaux d'eau seront alors indépendants.

tes de berge

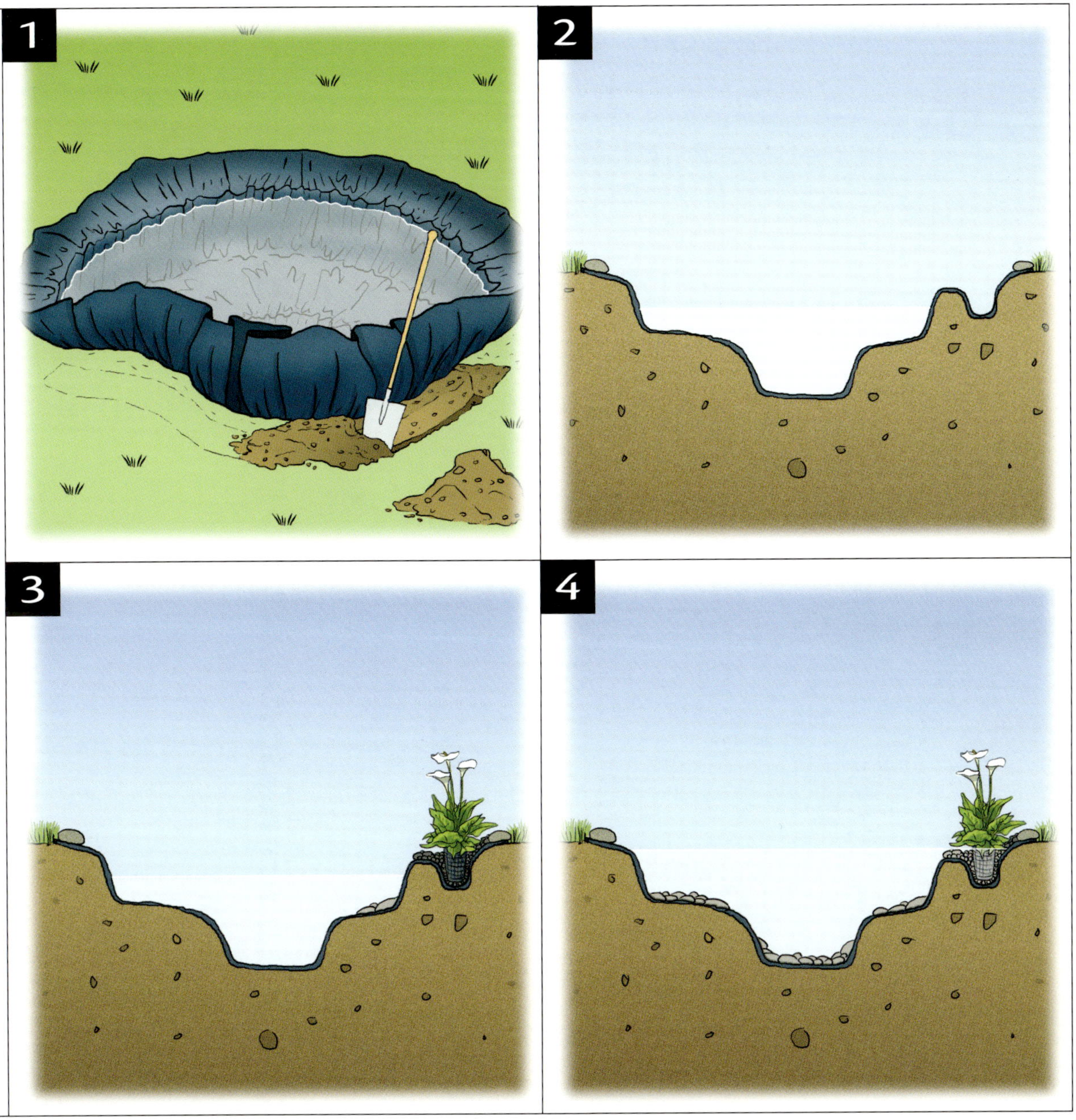

6 Planter directem

Installer des plantes aquatiques directement au fond du bassin est plus facile dans un bassin avec liner, car vous en maîtrisez complètement la forme. Il suffit, lors de l'installation, de prévoir l'emplacement de ces plantations, et de creuser des fosses de 40 x 40 cm et 20 cm de profondeur. Dans un bassin préformé, vous devrez tapisser tout le fond avec de la terre.

Quand planter au fond du bassin ?

Les plantes aquatiques s'installent en général **de mars à mai,** mais certaines peuvent être plantées jusqu'en septembre. Dans tous les cas, il faut que l'eau soit réchauffée.

Les étapes de la plantation

L'intérêt de ce mode de plantation est que les plantes retrouvent des conditions proches de leur milieu naturel. Elle n'ont besoin d'aucun apport particulier : ni engrais, ni fumier.

1. Commencez à remplir le bassin d'eau sur une vingtaine de centimètres de profondeur pour bien le stabiliser et le plaquer sur les parois de la fosse.

2. Remplissez-le de terreau pour plantes aquatiques : tout le fond s'il s'agit d'une structure préformée, ou simplement la ou les fosses prévues à cet usage. Installez les plantes, en respectant, comme pour une plante de jardin classique, la profondeur de plantation : le collet (limite entre la tige et les racines) doit affleurer le niveau du terreau. Il est recommandé de **descendre pieds nus dans le bassin** pour ne pas risquer de le perforer.

3. Tassez et recouvrez de galets pour bien maintenir le terreau au fond du bassin, et surtout pour empêcher la plante de remonter lors du remplissage. Si vous introduisez des poissons, les galets les dissuaderont de fouiller dans le terreau.

4. Remplissez alors le bassin, toujours à débit modéré pour ne pas bouleverser le terreau ni arracher les nouvelles plantations. L'eau va se troubler, mais les fines particules de terreau se redéposent au fond du bassin en quelques jours.

LES OUTILS

Une pelle, une pioche.

BON À SAVOIR

Choisissez bien la ou les plantes que vous installerez au fond de votre bassin, en fonction de leurs exigences en matière de profondeur. Ainsi, retenez que selon les plantes, et même au sein d'une même espèce, le dessus de la motte doit se trouver de 30 à 200 cm sous la surface du bassin. Ce n'est pas à un centimètre près, mais si la profondeur de votre bassin avoisine 60 cm, sachez que vous ne pourrez installer que des plantes qui poussent à environ 40 cm de profondeur.

S.O.S.

Comment maîtriser les plantes envahissantes ?
Les nymphéas et les typhas comptent parmi les plantes aquatiques dites traçantes, qui peuvent coloniser rapidement le bassin si elles y trouvent des conditions favorables. Si elles sont plantées au fond du bassin, il faut parfois le vider presque complètement pour procéder à l'arrachage et à la division des souches.

nt au fond du bassin

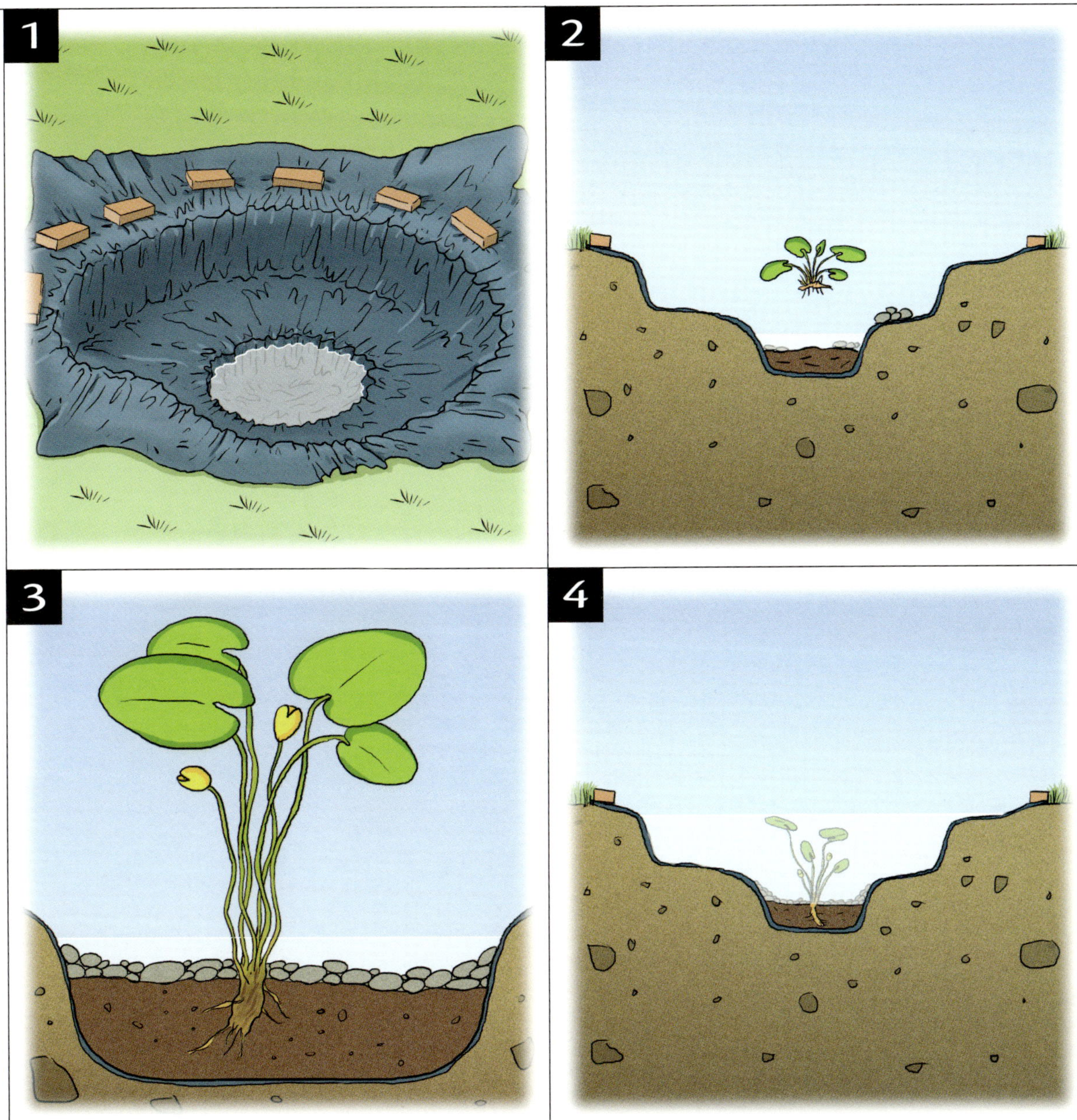

7 Planter en panie

La plupart des plantes aquatiques développent des rhizomes qui peuvent devenir envahissants dans un petit bassin. D'autres craignent le froid, et il faut, l'hiver venu, les rentrer dans un local hors-gel ou les descendre dans le fond du bassin. Le panier ajouré s'avère vite indispensable.

Quand planter en panier ajouré ?

Les plantes aquatiques exigent que la température de l'eau oscille entre 15 et 20 °C pour s'enraciner. On plante donc **d'avril à août** les nymphéas, les plantes oxygénantes et toutes les plantes à installer au fond du bassin, ainsi que les plantes de berge qui poussent les pieds dans l'eau.

Les étapes de la plantation

1. Optez toujours pour des paniers d'au moins 30 x 30 cm, et autant de profondeur. **Tapissez l'intérieur avec un feutre** géotextile ou de la toile de jute. Coupez ce qui déborde.

2. Remplissez le fond de terreau ou de terre du jardin, selon les exigences de la plante. Posez la motte de la plante fraîchement extraite sur le substrat. Le sommet de la motte doit être à 2 cm sous le bord du panier.

3. Comblez de mélange terreux, et couvrez la surface avec des galets. Ces derniers empêcheront le substrat de se répandre dans l'eau.

4. Fabriquez une anse avec un solide fil de fer. Attachez-le de part et d'autre du panier, en utilisant les trous existants, de manière à ce que le sommet de l'anse surplombe le panier de 30 cm environ. Pour les paniers les plus lourds, vous pouvez poser deux anses croisées et ligaturées à leur jonction au sommet.
Déposez-le à l'endroit voulu, en le tenant avec la main si vous l'installez près du bord, ou avec un outil de jardin si vous voulez le placer plus loin. Descendez doucement le panier afin que son contenu ne soit pas propulsé à l'extérieur par le phénomène de la poussée d'Archimède ! Rabattez l'anse sur le côté, de manière à ce qu'elle reste immergée et invisible de l'extérieur du bassin.

Les outils

Transplantoir, paire de ciseaux coupe-tout, fil de fer, pince coupante.

Bon à savoir

Dans la mesure du possible, ne mélangez pas les plantes au sein d'un même panier. D'abord, parce qu'elles n'ont pas forcément les mêmes exigences, et ensuite parce qu'il y a risque de dominance d'une des espèces au détriment des moins vigoureuses, qui ne pourront se développer et fleurir.

S.O.S.

Mes nouvelles plantes ne poussent pas !
Si vous avez pris la précaution d'acheter des plante saines avec des rhizomes forts, il n'y a pas d'inquiétude à avoir. Vous les avez plantées à la bonne période, en posant un système d'ombrage sur le bassin (parasol ou autre) pendant le mois qui a suivi la plantation ? Tout va bien. Il faut souvent patienter un à trois ans pour que les plantes aquatiques démarrent franchement.

ajouré

8 Diviser les plantes

La division de souche est le mode de multiplication le plus fréquent chez les plantes aquatiques. Très facile à réaliser, il sert aussi à rajeunir les souches ou à limiter leur envahissement. Les nymphéas doivent ainsi être divisés tous les deux ans.

Quand procéder à la division ?

Le printemps est la meilleure période pour diviser les plantes aquatiques, car elles entrent en végétation, et la reprise est donc immédiate. La plupart se divisent entre mars et juin ; pour certaines, il faut attendre mai, et pour d'autres, ce doit être fait avant fin avril.

Les étapes de la division

Il est bien sûr beaucoup plus facile de procéder à cette opération avec des plantes cultivées en paniers. Si ce n'est pas le cas, il faut partiellement vider le bassin et y descendre pour extirper les plantes installées au fond.

1. Commencez par sortir le panier de l'eau, en vous aidant éventuellement d'un outil de jardin pour accrocher l'anse de fil de fer installée lors de la plantation. Le panier ne pourra pas être réutilisé : prévoyez-en un autre.

2. Retirez tous les galets puis, d'un ferme coup de bêche vertical, sectionnez la motte et son panier en deux parties. Si la touffe est importante, vous pouvez encore diviser les deux moitiés obtenues en deux. Un vieux sécateur peut être utile pour achever de couper le panier.

3. Tapissez un nouveau panier avec un feutre.

4. Remplissez le panier de terreau pour plantes aquatiques neuf, puis repiquez les tronçons. Remettez les galets en place.

Les outils

Une bêche, un sécateur.

Bon à savoir

Dans le cas du nénuphar, repiquez toujours le rhizome presque verticalement, légèrement incliné vers l'intérieur, et en périphérie du panier pour permettre aux pousses de se développer largement. Placez un gros galet sur le rhizome pour l'empêcher de remonter à la surface sous l'effet de la poussée d'Archimède.

S.O.S.

Mes nymphéas n'ont pas repris !

Sans doute n'avez-vous pas respecté les règles essentielles… Le rhizome doit être sain, et il faut le débarrasser de ses tiges abîmées. Le départ des feuilles existantes ainsi que les bourgeons doivent impérativement être au-dessus du niveau du terreau. Le plant repiqué doit être immergé, mais surtout exposé au soleil.

aquatiques

9 Diviser les iris

Les iris sont souvent les premières plantes de berge que l'on installe près de son bassin. Des nouveaux rhizomes poussent chaque année, les plus anciens se nécrosant. La touffe finit alors par occuper tout le volume de son panier ou de la banquette qui lui a été impartie, et la floraison s'en trouve affectée : la division devient indispensable !

Quand diviser les iris ?

La meilleure période se situe **au printemps,** mais n'intervenez pas trop tôt : attendez que les premiers bourgeons soient apparus. Ils seront ainsi plus visibles, et vous visualiserez mieux la bonne profondeur pour enterrer le rhizome.

Les étapes de la division

1. Retirez la touffe de l'eau, et découpez les mailles du panier à l'aide d'un sécateur ou d'un couteau, en prenant soin de ne pas abîmer les racines. Dégagez bien la terre jusqu'à découvrir les racines. **Supprimez les rhizomes anciens et pourris,** en général de couleur sombre.

2. Tranchez ensuite entre chaque touffe de feuille avec un couteau, ou séparez-les à la main d'un geste vif. Nettoyez chaque rejet de toute la terre pour bien voir les radicelles.

3. Supprimez les radicelles abîmées ou présentant des signes de maladies, pour n'en conserver qu'une dizaine. Avec un couteau bien affûté ou un sécateur, réduisez leur longueur de moitié.

4. Repiquez chaque rejet dans un pot individuel, en le plaçant bien au centre et sans recouvrir le départ des feuilles ou les bourgeons apparents.

Les outils

Un couteau, un sécateur, une petite pelle.

Bon à savoir

S'il est inutile d'apporter de l'engrais aux plantes aquatiques, les iris de berge, comme toutes les plantes à bulbe, ont besoin de faire des réserves pour la floraison suivante. Pensez à renouveler le mélange terreux lors de la division, mais aussi à leur apporter du compost à chaque printemps, puis de l'engrais pour plantes bulbeuses après la floraison.

S.O.S.

Mes iris jaunissent !
Il peut y avoir plusieurs raisons.
- L'espèce que vous cultivez ne supporte pas le calcaire. Ajoutez dans ce cas de la terre de bruyère au mélange terreux lors de la division, à raison d'un tiers du volume.
- S'il s'agit d'*Iris ensata* ou d'*Iris sibirica*, ils sont peut-être restés immergés lors de l'hiver qui a suivi leur plantation, ou vous n'aviez pas protégé la souche sous un épais paillage. Il faut en effet leur laisser le temps de s'installer.

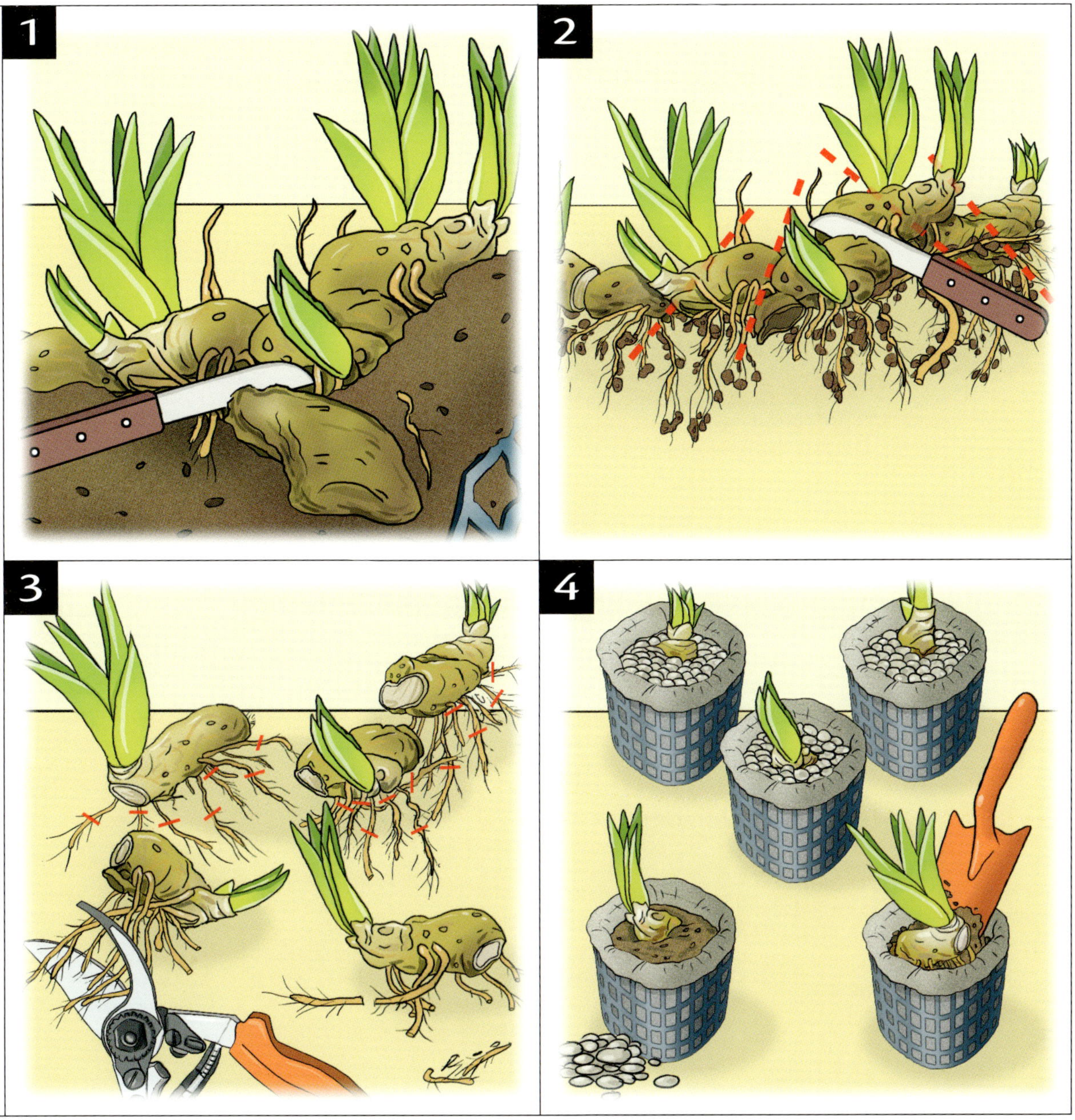
1
2
3
4

10 Installer des poi…

L'introduction de poissons dans un bassin constitue l'étape ultime. L'eau s'est stabilisée, les plantes se sont installées… Les poissons sont le dernier maillon de la chaîne écologique.

Quand introduire des poissons dans le bassin ?

L'automne est la meilleure période pour mettre des poissons dans votre bassin. La température de l'eau se rafraîchissant, les risques de contaminations et de maladies sont moins élevés.
Si le bassin est nouveau, il faut attendre quatre à six mois pour un premier empoissonnement afin que les plantes soient bien enracinées.

Les étapes de la mise à l'eau

1. Déposez à la surface du bassin le sac en plastique dans lequel vous avez transporté votre poisson depuis le point de vente. Il va flotter, c'est normal. L'idéal est de procéder un jour couvert ou pluvieux, ou alors en fin de journée, avant la tombée de la nuit. La découverte de son nouvel habitat sera moins violente et plus discrète pour le poisson.
Le but est de lui éviter tout choc thermique entre la température de l'eau du sac et celle du bassin. En laissant flotter le sac, l'eau intérieure va progressivement prendre la température de l'eau du bassin. Il faut laisser le sac ainsi au moins une demi-heure.

2. Libérez le nouveau venu en inclinant doucement le sac à la surface de l'eau. Évitez toutefois de vider le sac dans le bassin pour ne pas d'introduire des parasites ou autres organismes indésirables.

3. Laissez votre poisson découvrir tranquillement son nouvel univers.

4. Un geste à ne jamais faire : jeter votre nouveau poisson dans le bassin depuis votre hauteur. Il pourrait mourir du choc brutal et physique avec l'eau, mais aussi du choc thermique provoqué par la différence de température !

BON À SAVOIR

Si vous installez des carpes koï, il est toujours préférable de les introduire d'abord dans un petit bassin adjacent, peu profond et contenant la même eau que celle du bassin. Elles sont en effet plus délicates, et leur prix d'achat justifie que l'on prenne quelques précautions avant l'introduction véritable. Il ne faudrait pas qu'une carpe tombe malade au fond de votre bassin et qu'elle contamine toute la faune !

S.O.S.

Je ne vois pas mes nouveaux poissons !
C'est normal. Au début, les nouveaux venus se cachent au fond du bassin ou dans la végétation. Il faut leur laisser le temps de découvrir leur milieu. Ils peuvent ainsi demeurer invisibles durant une semaine ou deux.

sons

11 Entretenir le ba

Entretenir un bassin n'est pas une sinécure ! En fait, plus il est grand, plus l'équilibre naturel est facile à obtenir et moins il est nécessaire d'intervenir.

Quand entretenir son bassin ?

Dans le filtre, les premiers éléments, qui bloquent les plus grosses impuretés, doivent être nettoyés **toutes les semaines,** afin d'empêcher leur colmatage, et pour que les éléments suivants puissent jouer leur rôle efficacement. Surveillez en même temps la quantité de déchets dans le panier du skimmer.

Les gestes d'entretien

1. Coupez l'alimentation électrique de la pompe. **Ouvrez le filtre** et sortez les éléments en les saisissant par les poignées. Passez-les au jet d'eau (sur le tas de compost pour récupérer les déchets). Sortez le skimmer, le cas échéant, et videz son panier. Remettez les éléments en place.

2. À l'aide d'une épuisette à bords ronds (pour ne pas risquer de percer le liner), retirez de la surface de l'eau une partie des plantes flottantes trop envahissantes. Jetez-les au compost ou donnez-les à des amis.

3. Si à certains endroits de la berge, le plastique est encore visible, camouflez-le en étalant **une natte en fibre de coco : fixez-la sur la berge** et laissez-la descendre d'une dizaine de centimètres dans l'eau. Les plantes rampantes viendront s'y accrocher. Vous pouvez aussi étaler un peu de yaourt nature dessus, pour y voir rapidement proliférer des mousses vertes qui cacheront le produit.

4. Disposez de nouvelles pierres ou replacez les anciens galets au niveau des banquettes, afin de retenir le substrat aquatique ou limiter l'extension des plantes.

Les outils

Une épuisette, un pistolet d'arrosage, une natte en coco, un pinceau.

Bon à savoir

Il existe des aspirateurs électriques à bassin, qui ressemblent aux aspirateurs pour l'eau et la poussière. Ils permettent de recueillir la vase, les feuilles et autres débris du bassin, et refoulent l'eau débarrassée de ses déchets à un autre endroit du bassin. Un sac filtrant à mailles fines récupère la vase et les grosses particules. Attention, ils ne remplacent pas un système de filtration permanent, mais sont utiles après un orage, en automne, lorsqu'il y a beaucoup de feuilles mortes, et une fois par an pour réduire la quantité de vase dans les parties les plus profondes du bassin.

S.O.S.

Le liner est percé !
Si vous constatez que le liner PVC est percé, vous pouvez le réparer avec un kit spécifique. Nettoyez la partie à réparer, découpez un morceau de PVC transparent fourni et appliquez la colle sur le morceau et sur le PVC du bassin. Plaquez la « rustine » sur le trou et appuyez légèrement. La réparation peut s'effectuer à sec ou sous l'eau.

sin (filtre, pompe, berges...)

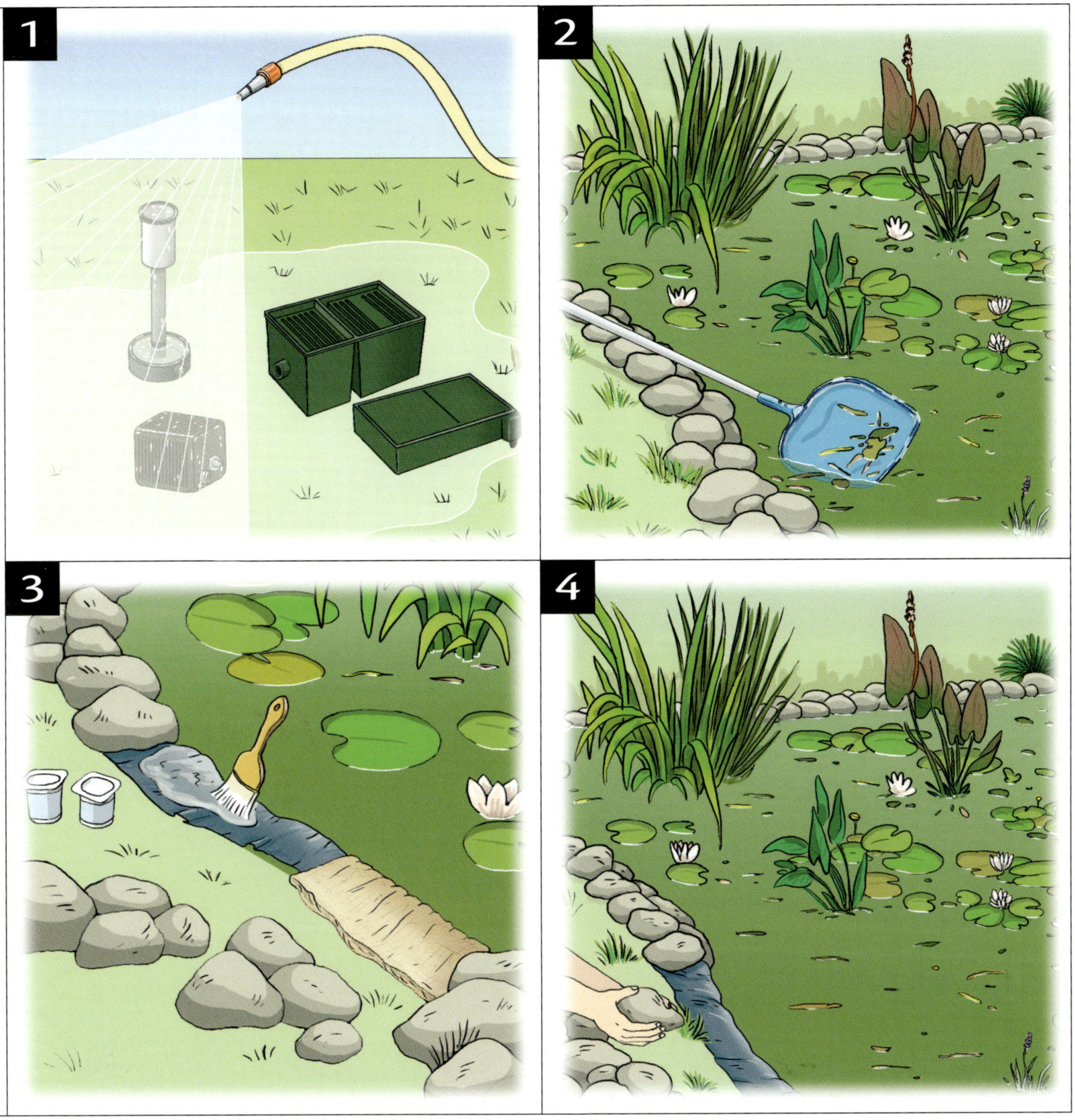

GESTES DE BASE

Le Calendrier

Tout ce qu'il faut faire, mois par mois

des activités de l'année

À faire de Mars à Août

Le bassin

Printemps	Nettoyez les filtres et la pompe.
	Retirez tous les débris végétaux tombés dans l'eau durant l'hiver.
	Complétez le niveau, suite aux pertes de l'hiver.
	Remettez les cascades et jets d'eau en route.
Été	Allez à la pêche aux algues.
	Surveillez le niveau de l'eau et compensez les éventuelles pertes par évaporation.

ATTENTION

➔ ***Attendez toujours*** que l'eau du bassin soit complètement dégelée pour commencer les travaux d'entretien.
➔ ***Ne soyez pas pressés*** de planter dans votre bassin. Attendez au moins les belles journées d'avril.
➔ ***Ne craignez pas*** de trop tailler les plantes envahissantes : leur vigueur naturelle les aidera à repartir de plus belle.
➔ ***Ayez la main légère.*** On a toujours tendance à trop nourrir les poissons !

Les plantes	Les animaux
Après les dernières fortes gelées, retirez les protections hivernales et remontez les paniers de plantes descendus au fond du bassin pour l'hiver.	Dès que la température extérieure dépasse les 10 °C, recommencez à nourrir les poissons.
Taillez les graminées et tous les feuillages abîmés par le froid.	Vérifiez l'état sanitaire de vos poissons en les prélevantà l'épuisette.
Nettoyez les vivaces sur les berges. Effectuez les nouvelles plantations.	
Taillez les plantes oxygénantes trop envahissantes.	
Divisez les touffes d'iris trop vigoureuses.	Réintroduisez les poissons exotiques qui ont hiverné en aquarium.
Supprimez certaines feuilles des plantes flottantes.	C'est le bon moment pour introduire de nouveaux poissons.
Si des parasites s'installent sur les nymphéas, immergez feuilles et fleurs pour noyer les indésirables. Faites un apport d'engrais à libération lente dans les paniers.	Réduisez les apports de nourriture aux poissons.
	Si les poissons viennent respirer en surface, c'est qu'ils manquent d'oxygène. Remplacez un tiers du volume d'eau.

Outils : une pelle, une pioche, des ciseaux coupe-tout, des paniers ajourés et un tuyau.

24h

Créer un tout petit bassin

Un tout petit bassin peut très bien trouver sa place dans un jardin. Il sera bien sûr moins spectaculaire, mais suffisant pour offrir les plaisirs de la découverte de la vie aquatique.

Gestes de base
Créer un bassin avec un film souple p. 8
Installer un bassin préfabriqué p. 10
Filtrer l'eau p. 14
Installer des plantes de berge p. 16
Planter au fond du bassin p. 18
Planter en panier ajouré p. 28
Catalogue
Astilbe p. 84
Barbe-de-bouc p. 84
Nénuphar p. 76
Prêle p. 88
Dictionnaire
Biotope p. 106
Plante oxygénante p. 111

Quelles plantes choisir ?

Les plantes oxygénantes seront les premières locataires, car leur rôle est primordial dans un petit volume d'eau. Il y aura peu de plantes à feuilles flottantes, et on les choisira parmi des variétés naines. Évitez les plantes de berge gigantesques qui risquaient d'écraser visuellement la scène.

❶ **Les nymphéas à petites feuilles** ('Caroliniana Nivea', 'Froebelli', 'Pygmaea Helvola', etc.) éviteront l'excès de matière organique. Installez-les en paniers pour bien maîtriser leur développement, et ne les immergez pas à plus de 30 cm de profondeur.

❷ **Sur les berges,** les plantes ne doivent pas dépasser 1 mètre de hauteur, et sont toutes à feuillage fin ou découpé. Astilbes, *Aruncus aethusifolius*, la fougère *Matteucia struthiopteris*, et même la prêle *Equisetum telmateia* habillent élégamment une petite pièce d'eau.

❸ **Une bordure de buis** *(Buxus microphylla)* permet de délimiter clairement le bord du bassin. Optez pour une variété à petites feuilles comme 'Compacta' qui forme des bordures très denses, ou 'Wintergreen' qui conserve sa couleur vert foncé en hiver. Plantez les jeunes plants les uns contre les autres pour obtenir plus rapidement une bordure. Attention, le buis ne pousse pas si ses racines sont dans une terre trop humide. Éloignez-le de l'eau !

Comment faire ?

1. **Optez pour une forme simple,** qui donnera plus aisément une illusion de grandeur. Si le très classique ovale est toujours efficace, une forme en « haricot » est idéale, car elle suscite un mouvement tout en créant une petite perspective. Selon l'endroit d'où l'on regarde le bassin, sa forme change.
2. **Soyez prévoyant.** Plus un bassin est petit et plus il est difficile de maintenir l'équilibre du biotope. Pour qu'il ne se transforme pas rapidement en cloaque vaseux, il faut appliquer de suite des règles strictes… Même petit en surface, il doit rester profond, avec un niveau à 80 cm minimum. Cela permet de respecter des couches de températures d'eau, et limite les chocs thermiques en été. On n'introduit que deux ou trois poissons pour limiter les rejets de déchets. Et enfin, on installe au moins un système de filtration à ultraviolets pour empêcher la prolifération des algues.
3. **Marquez nettement les limites du bassin.** Ce n'est pas un trou ni une flaque d'eau… Les rives peuvent être marquées par des enrochements ou une rangée de plantes basses. Un premier plan dégagé, la pelouse, sert d'écrin au tableau aquatique. Le regard est attiré par la scène, malgré sa taille modeste.

Et après ?

La surveillance quotidienne de l'eau est un impératif. Elle peut en effet « tourner » en une journée à cause d'un changement brutal de température. L'idéal est de placer le petit bassin à la mi-ombre permanente, pour lui éviter des périodes d'ensoleillement prolongées qui réchaufferaient l'eau trop vite.

L'irrésistible charme des iris

Avec leurs fleurs caractéristiques et leur feuillage persistant, plusieurs espèces d'iris rhizomateux sont particulièrement adaptées à la culture au bord des pièces d'eau – l'iris des marais accepte même de pousser les pieds dans l'eau ! Les fleurs de ces iris ne durent jamais très longtemps, mais sur une souche de plusieurs années, la floraison peut toutefois s'étaler sur deux à trois semaines.

Les pieds dans l'eau

L'iris des marais *(Iris pseudacorus)*, avec son rhizome immergé, déploie des gerbes de feuillage persistant. Il est gourmand, et il faut lui apporter de l'engrais pour plante fleurie chaque année pour pouvoir profiter de sa floraison… C'est le plus grand – il peut atteindre 2 mètres de haut – et le moins difficile des iris de bassin. Il accepte en effet aussi bien une terre légèrement acide que calcaire. Il faut impérativement le cultiver en panier ou prévoir des barrages de racines car il peut devenir envahissant. Dans les très grands bassins, essayez la variété 'Roy Davidson' pour sa végétation encore plus exubérante. Les amateurs de curiosités préféreront sans doute 'Flore Pleno', à fleurs doubles.

Pour les terres fraîches, non inondées

Sur les berges, comment ne pas succomber au charme des nombreuses petites fleurs, généralement dans les tons bleus, de ces iris répondant à merveille aux jacinthes d'eau qui, elles, flottent dans le bassin ?

Iris sibirica.

Iris pseudacorus.

- L'iris de Sibérie *(Iris sibirica)* est le plus généreux de tous : il produit une profusion de petites fleurs bleu violacé au cours des mois de mai et juin. Il pousse en terre fraîche, mais plutôt acide, et accepte même des périodes de sécheresse en été. Avec ses hampes de près de 80 cm de haut, il est apprécié des amateurs de bouquets. Attention, il faut savoir être patient, car une touffe d'iris de Sibérie demande plusieurs années pour s'épanouir franchement.
- L'iris du Japon *(Iris ensata)* charme par son élégance, dû à un feuillage fin qui atteint près d'un mètre de hauteur. Ses nombreuses fleurs aux allures de papillon sont disponibles dans des coloris variés allant du bleu au blanc en passant par le jaune ou le mauve.

Gestes de base
Installer des plantes de berge p. 16
Diviser les iris p. 22
Planter en panier ajouré p. 28
Catalogue
Iris des marais p. 91
Dictionnaire
Barrage de racines p. 107
Rhizome p. 112

Avril | S. O. S. | **Outils :** du fil de nylon ou un filet, une lampe torche, une épuisette et une bourriche.

Chasser les indésirables

Grenouilles et hérons sont certes charmants… mais les premières se montrent très bruyantes de février à avril, tandis que les seconds s'avèrent de redoutables prédateurs pour les poissons.

Dissuader les hérons

Les hérons se posent toujours à l'aube ou au crépuscule, sans faire de bruit. Non seulement ils risquent de décimer votre population de poissons, mais ils risquent aussi, d'un coup de bec malheureux, de percer le film d'étanchéité du bassin ! À défaut de la présence permanente d'un chien ou d'un chat courageux, les solutions ne sont guère esthétiques : fils de nylon tendus en travers du bassin, filet…

Vous pouvez également essayer de placer un leurre représentant un congénère près du bassin ; il suffit en général à dissuader le vrai héron de venir faire ripaille dans votre jardin. Pour plus d'efficacité, changez-le de place régulièrement.

Faire taire les grenouilles

C'est tout bonnement impossible ! Les prédateurs de la grenouille sont justement le héron ou le brochet, deux indésirables de poids dans un bassin d'agrément !

En revanche, vous pouvez les capturer assez facilement : à la nuit tombée, attirez-les avec une lampe torche, puis pêchez-les avec une épuisette. Vous pourrez alors les relâcher dans une pièce d'eau isolée, loin de chez vous.

Si cette méthode échoue, il ne reste plus qu'à prendre votre mal en patience et à attendre la fin de la saison des amours, époque où les messieurs coassent pour séduire les dames grenouilles…

Pour limiter les populations, vous pouvez aussi détruire les pontes qui forment des amas gluants, généralement immergés à faible profondeur, directement sur la vase ou bien dans la végétation des berges. Opérez avant avril, époque où les têtards apparaissent…

Avril | *Modèle* | **Outils :** une pelle, une pioche, des ciseaux coupe-tout, des paniers ajourés et un tuyau.

48h

Un bassin géométrique

Un bassin n'est pas forcément synonyme de végétation luxuriante, avec vase et poissons à gogo. Il peut aussi être une pièce d'eau rafraîchissante et reposante, à l'image de ce que proposent les jardins mauresques…

Quelles plantes choisir ?

Les plantes à retenir poussent exclusivement de manière immergée, même faiblement.

Optez pour des espèces de taille modeste, décoratives même seules, et qui ne risquent pas d'envahir le bassin.

- L'acore panaché (*Acorus calamus* 'Variegatus') produit des gerbes de feuilles persistantes effilées, vertes avec des stries jaune crème, qui ne dépassent pas un mètre de hauteur.
- La laîche (*Carex oshimensis* 'Evergold'), dans le même esprit mais plus petite (autour de 20 cm de haut), éclaire la margelle du bassin grâce à la large bande jaune centrale de ses feuilles.
- La plante bougie (*Orontium aquaticum*) : craquez pour cette originale.
- Le souchet (*Cyperus papyrus*), si vous avez la possibilité de le rentrer à l'abri du gel en hiver.

Comment faire ?

1. Accordez le bassin avec son environnement. Végétaux taillés, allées droites, escaliers ou bancs sont autant d'éléments avec lesquels le bassin géométrique s'associe « naturellement ». Rond, il marquera un carrefour, un changement de direction. Carré ou rectangulaire, il appellera à la pause, au ralentissement, à la contemplation. Surélevé, il permettra de ménager une margelle sur laquelle s'asseoir pour se rafraîchir. Le bassin géométrique trouvera parfaitement sa place dans un patio, sur une aire de repos ou sous une pergola. Il fera merveille à proximité d'un lieu de passage ou de vie.

2. Choisissez une forme qui soit à l'image du contenu du bassin, c'est-à-dire sobre. Les tracés les plus simples, ronds, carrés ou rectangulaires, sont donc à la fois les plus faciles à réalise, et ceux qui seront du meilleur effet.

3. Optez pour des dimensions réduites – moins de 4m². La profondeur doit être limitée pour que le fond soit bien visible. Dans ce type de bassin, il ne doit pas y avoir d'inconnu, de zones à deviner…

4. Tapissez le fond de galets. Leurs dessins arrondis ne sont pas déformés par les mouvements de l'eau.

5. Installez un jet d'eau et des spots lumineux au milieu du bassin, en respectant les grands principes géométriques. Optez pour la sobriété des décors. L'éclairage automatique à la tombée de la nuit est préférable.

6. Plantez peu de végétaux. Les espèces retenues seront discrètes, non envahissantes et logées dans les angles.

Et après ?

Il faut surtout surveiller le niveau de l'eau, la faible profondeur facilitant son réchauffement et donc son évaporation. Les éclaboussures du jet d'eau accentuent les pertes.

Gestes de base
Créer un bassin avec un film souple p. 8
Installer un bassin préfabriqué p. 10
Installer un bassin hors-sol p. 12
Filtrer l'eau p. 14
Planter au fond du bassin p. 18
Installer des poissons p. 24
Planter en panier ajouré p. 28
Catalogue
Souchet p. 86

Mai **S. O. S.** **Outils :** une épuisette, un bâton et un râteau.

1h

Lutter contre les algues

La prolifération des algues dans un bassin, c'est un peu comme les mauvaises herbes dans les massifs. On a beau les retirer, elles reviennent toujours ! Elles sont en fait le signe d'un excès d'éléments nutritifs non prélevés par les plantes du bassin.

Comment faire ?

1. Dès le début du printemps, retirez les algues à l'épuisette ou en les enroulant autour d'un bâton. Jetez-les sur le tas de compost. Ôtez du bassin toutes les tiges, feuilles et autres plantes qui ont été détruites par l'hiver.

2. Installez des plantes flottantes (*Pistia*, *Callitriche*, etc., et même des lentilles d'eau) dont les racines puiseront la nourriture dans l'eau et priveront les algues de leur matière première. Des plantes à larges feuilles flottantes limitent l'ensoleillement du bassin, nécessaire aux algues.

3. Limitez le nombre de poissons, car ils engendrent un excès de rejets de matières organiques qui facilitent le développement des algues. Allez à la pêche, et faites plaisir à des voisins propriétaires de bassins !

4. Adoptez un système de filtration avec lampe à ultraviolets, pas très cher, facile à installer et, surtout, très efficace.

5. Évitez l'emploi d'algicides, qui ne font que repousser le problème, sans intervenir sur la cause. Ils détruisent en outre les algues unicellulaires, très utiles pour la microfaune.

Bon à savoir

Contrôlez souvent le niveau d'eau de votre bassin, surtout en été. En effet, lorsque le volume d'eau diminue, la concentration d'éléments organiques augmente, favorisant ainsi la prolifération des algues.

Et après ?

Même après être intervenu au printemps, il se peut que vous soyez obligé au cœur de l'été de retirer les algues filamenteuses qui se développent lors des fortes chaleurs. Cela fait partie de l'entretien courant du bassin. Ne vous inquiétez pas ! Pour les retirer, plongez le râteau dans l'eau et enroulez les algues autour du fer, à la manière d'une barbe à papa.

Un bassin peu profond et trop exposé au soleil, sans plantes en surface pour assurer un minimum d'ombre sur l'eau, et c'est l'invasion d'algues vertes !

Gestes de base
Filtrer l'eau p. 14
Planter au fond du bassin p. 18
Installer des poissons p. 24
Entretenir le bassin p. 26
Planter en panier ajouré p. 28
Catalogue
Étoile d'eau p. 69
Laitue d'eau p. 77
Dictionnaire
Algicide p. 106
Matière organique p. 110
Plante flottante p. 111
Ultraviolets p. 113

Une piscine naturelle

Réaliser un bassin aquatique et l'utiliser comme une piscine traditionnelle est un nouveau concept qui se développe en France depuis le début des années 2000. L'avantage immédiat, c'est une meilleure intégration de la piscine dans l'environnement.

Comment ça marche ?

Le bassin doit être suffisamment grand – au moins 20 m², – et profond pour qu'un adulte puisse s'y baigner. L'espace pour le bain est séparé de la zone de plantation par une cloison immergée qui s'arrête à 20 cm de la surface. La terre est ainsi isolée de la zone de baignade, mais c'est la même eau qui circule dans tout le bassin.

Le principe, c'est que ce sont les plantes qui assurent le traitement de l'eau. Les plantes les plus épuratrices sont les iris, les joncs, les phragmites, les jacinthes d'eau... Il n'est pas pour autant nécessaire de posséder un grand terrain. Une piscine naturelle peut ainsi très bien s'inscrire dans un jardin de 100 m².

La piscine naturelle n'est pas un bassin de natation. Elle sert uniquement à se rafraîchir.

Y a-t-il des risques pour les baigneurs ?

Non, le traitement de l'eau est tout à fait naturel, avec notamment filtration et lampe à ultraviolets, et aucun produit chimique pouvant être nocif à la vie végétale et animale (chlore, par exemple) n'est introduit dans le bassin. En revanche, les baigneurs ne doivent pas craindre de partager le bassin avec les poissons, les grenouilles ou les orvets !

En quoi consiste l'entretien ?

- **Dans la partie baignade,** il se limite à passer le robot de nettoyage toutes les semaines en été et une fois par mois en hiver. Un nettoyage des skimmers et du filtre est également nécessaire, comme dans une piscine traditionnelle.
- **Dans la zone de plantation,** il faut entretenir la végétation aquatique comme dans un bassin classique : supprimer les plantes fanées ou malades, diviser les sujets trop envahissants, etc.

Il ne faut jamais changer l'eau d'une piscine naturelle. En revanche, on peut en ajouter tous les jours en été pour compenser l'inévitable évaporation.

Peut-on chauffer l'eau ?

Oui, mais il faut savoir que la température de l'eau augmente toute seule dès qu'il y a du soleil, notamment dans la partie consacrée à la régénération, toujours de faible profondeur.

Est-ce facile à installer ?

Il est préférable de confier la réalisation à un spécialiste de ce nouveau concept pouvant justifier de plusieurs créations réussies. Ces bassins requièrent en effet une certaine technicité que seul un professionnel peut posséder... Quant au prix d'un tel bassin, il faut compter environ 600 euros le m² de bassin.

Bon à savoir

Ce type de bassin est soumis aux normes relatives à la sécurité des piscines. Il faudra donc prévoir une clôture homologuée.

Gestes de base
Créer un bassin avec un film souple p. 8
Filtrer l'eau p. 14
Entretenir le bassin p. 26
Catalogue
Iris des marais p. 91
Jacinthe d'eau p. 71
Jonc p. 91
Dictionnaire
Skimmer p. 113
Ultraviolet p. 113

OUTILS : une pelle, une pioche, des ciseaux coupe-tout, des paniers ajourés et un tuyau.

Une ambiance naturelle

Le summum de la réussite ? Construire un bassin qui s'intègre parfaitement dans son environnement, sans avoir l'air incongru ni artificiel. Si l'on suit quelques principes de base, ce n'est pas si difficile d'y arriver…

Quelles plantes choisir ?

Pour que le bassin donne l'illusion d'être là depuis toujours, il faut absolument opter pour des plantes aquatiques indigènes à son terroir, à sa région, voire au pays. L'utilisation des nymphéas comme seules plantes aquatiques renforce l'aspect sauvage du bassin et l'apparente à une mare naturelle. L'emploi de nénuphars jaunes accentue davantage le phénomène.

Des plantes plus « exotiques » lui donneraient un aspect trop artificiel. L'emploi de plantes rares sous nos climats, mais, surtout, au développement ou aux caractéristiques inhabituels, trahit le coup de patte de l'homme aux yeux du spectateur.

Le choix des plantes de berges doit s'opérer selon les mêmes principes, c'est-à-dire par la sélection d'espèces courantes au bord des pièces d'eau locales, par exemple les massettes, les iris, la prêle. Un tour dans la nature environnante s'impose donc avant tout achat.

Comment faire ?

1. **Déterminez la taille** de votre bassin. Même s'il existe des petits trous d'eau dans la nature, il est évident qu'une ambiance naturelle, voire sauvage, ne pourra être obtenue qu'avec un bassin de taille conséquente. Une surface minimale de 20 m^2 paraît nécessaire.
2. **Donnez sa forme** à votre pièce d'eau. Les formes arrondies sont celles qui se prêtent le mieux à la réalisation d'ambiances naturelles. Un tracé trop géométrique ne saura offrir une image naturelle, quoique, l'abondance de végétation sur les rives masquant la forme originelle du bassin, on puisse tout imaginer.
3. **Choisissez l'emplacement du bassin,** qui doit s'inscrire dans un environnement naturel, pour ne pas dire champêtre. Le jardin alentour, même s'il existait avant l'installation de la mare, doit donner l'impression d'être un élément du décor aménagé autour de la pièce d'eau.
4. **Plantez généreusement** les berges. Pour créer une ambiance naturelle et chaleureuse, jouez sur l'effet de masse. Les rives peuvent être complètement masquées par des plantes hautes qui semblent interdire l'accès au bassin. Et il ne s'agit pas seulement d'installer une bande de plantes qui fasse le tour du bassin, mais de créer un véritable massif qui semble avoir élu domicile autour du trou d'eau, telle une oasis dans le désert.
5. **Bannissez jets d'eau, éclairage ou tout autre accessoire** n'ayant pas droit de cité dans une pièce d'eau dite naturelle. Seul le filtre est autorisé, mais il gagne à être masqué par la végétation des berges, tandis que le retour de l'eau épurée s'effectue discrètement, sans cascade.

Et après ?

Le jardinier doit ensuite trouver le juste équilibre entre deux principes : laisser faire la nature tout en contrôlant la vigueur de certaines espèces qui pourraient étouffer les plus chétives.

Gestes de base
Créer un bassin avec un film souple p. 8
Filtrer l'eau p. 14
Installer des plantes de berge p. 16
Planter au fond du bassin p. 18
Installer des poissons p. 24
Planter en panier ajouré p. 28
Catalogue
Nénuphar p. 76
Dictionnaire
Plante de berge p. 111

Incontournables nymphéas !

Plante aquatique par excellence, le nymphéa symbolise le bassin à lui tout seul ! Il existe aujourd'hui une foule d'hybrides rustiques, faciles à cultiver et offrant une richesse incroyable de couleurs et de tailles. Si un bassin doit ne contenir qu'une seule plante, ce sera un nymphéa.

Pour les grands bassins

- *Nymphaea* 'Escarboucle' est rouge amarante. Il fait partie des variétés à grand développement, et est donc à retenir que pour les grands bassins. À planter entre 20 et 80 cm de profondeur.
- *Nymphaea odorata* 'Sulphurea' produit de superbes et grandes fleurs jaune soufre parfumées. Il fait partie des variétés à grand développement, et n'est donc à retenir que pour les grands bassins. À planter entre 20 et 40 cm de profondeur.
- *Nymphaea* 'James Brydon' offre des fleurs doubles, rose foncé presque cramoisi, en forme de coupe, qui ne s'ouvrent réellement qu'en fin de floraison. C'est une variété vigoureuse, déconseillée en petits bassins. À planter entre 20 et 60 cm de profondeur.

Pour les petits bassins et les bacs hors-sol

- *Nymphaea* 'Chromatella', jaune canari très lumineux, est très florifère, et sa floraison est longue. C'est une variété à fleurs semi-doubles, très robuste. À planter entre 40 et 90 cm de profondeur.
- *Nymphaea* 'Froebelii' est idéal en bac ou en tout petits bassins. Ses fleurs rouge clair sont en effet plutôt nombreuses sans que la plante soit envahissante, et elles se succèdent sur une longue période. Il fait partie des variétés dites miniatures. À planter entre 15 et 40 cm de profondeur.

Nymphaea 'Chromotella'.

Nymphaea 'Escarboucle'.

Bon à savoir

Attention, dans nos jardins au climat tempéré, il est impératif de ne choisir que des nymphéas dits rustiques. Il en existe des dizaines d'espèces et de variétés pour satisfaire tous les besoins.

Le saviez-vous ?

Les fleurs des nymphéas s'ouvrent vers 10 heures pour se refermer vers 17 heures. Et si le temps reste couvert, elles ne s'ouvrent pas du tout ! Chaque fleur ne vit qu'une semaine, tout au plus.

Gestes de base
Planter au fond du bassin p. 18
Diviser les plantes aquatiques p. 20
Planter en panier ajouré p. 28
Catalogue
Nénuphar p. 76

Juin | Tour de main | **OUTILS :** une pince et un tournevis testeur. | 3h

Éclairer son bassin

Il n'est jamais facile de bien éclairer son bassin. Dans la nature, en effet, il n'y a jamais de lumière au fond des rivières ni des étangs, la végétation aquatique et les animaux vivant au rythme du soleil. Un éclairage artificiel du bassin risque donc toujours de « casser » une scène que vous vous êtes efforcé de rendre aussi naturelle que possible.

Comment faire ?

1. Optez pour la discrétion. Le but d'un éclairage de bassin n'est pas d'inonder la zone de lumière avec un puissant projecteur. Il s'agit au contraire, pour pouvoir continuer à profiter de son bassin alors que la nuit est tombée, de créer des touches de lumière sur des points précis. Installez par exemple un unique spot sur la rive, et dirigez-le vers le feuillage graphique d'une prêle ou d'une graminée. Il existe aujourd'hui des luminaires discrets, intégrés à de fausses roches. Gardez en tête que si l'éclairage doit rester discret, on ne doit jamais voir le projecteur.

2. Donnez du relief à votre bassin. Pour créer une ambiance subtile faite d'ombre et de lumière, installez des éclairages de balisage : ces lampes à basse tension, alimentées par en dessous grâce à une pompe immergée, et qui se déplacent en fonction des mouvements de l'eau, peuvent être du plus bel effet.

3. Mettez en lumière les éléments forts. Comme dans un jardin, l'éclairage du bassin peut servir à valoriser certains points de la pièce d'eau, qu'il s'agisse d'un végétal particulier, d'une cascade, ou d'un jeu d'eau. De petits projecteurs immergés derrière une cascade ou sous un jet d'eau peuvent créer une ambiance douce et quelque peu surréaliste.

Bon à savoir

Installez toujours une minuterie sur votre éclairage de bassin, afin de ne pas le laisser fonctionner trop longtemps. Un excès de lumière localisé pourrait en effet perturber le développement de certains végétaux. Sans parler de la dépense énergétique inutile…

Pour en profiter plus longtemps, pensez à alterner la mise en route des différents réseaux : dix minutes pour l'éclairage de la cascade, cinq minutes pour l'éclairage de la berge, une minute pour les flotteurs, et ainsi de suite…

Dictionnaire
Cascade p. 107
Sécurité électrique p. 112

Le bassin et la biodiversité

La biodiversité, ou diversité biologique, désigne la variété des organismes vivants. En reconstituant un écosystème, le bassin entretient cette biodiversité…

Libellule (Aeschna cyanea).

Faire de son bassin un lieu de vie

Les insectes de milieu aquatique arrivent tout seuls. Ils savent voler ou se déplacent sous forme d'œufs ou de larves qui s'accrochent aux plumes des oiseaux fréquentant les zones humides. Ce sont les règles de la biodiversité : un insecte découvre un bassin et y trouve à la fois refuge et nourriture parmi la végétation aquatique. Un batracien découvre à son tour la pièce d'eau. Il y trouve nourriture (l'insecte) et refuge. Il s'y installe. Et ainsi de suite. En quelques années, un bassin grouille de vie… Il faut ainsi donner du temps au temps, et attendre au moins une année complète, si ce n'est deux, pour voir s'installer une population homogène dans son bassin.

La libellule

C'est un peu l'emblème des insectes volants autour du bassin. *Aeschna cyanea* est la grande libellule bleue. Les ailes sont transparentes chez le mâle, légèrement fumées chez la femelle. Les yeux se rejoignent sur le haut de la tête. C'est une espèce robuste qui supporte même un assèchement du bassin durant l'été. Les libellules sont capables de franchir de grandes distances d'un point d'eau à un autre. C'est ainsi qu'elles découvrent par hasard de nouveaux bassins…

Le dytique

Dytiscus marginalis aurait pu tourner *Le Grand Bleu*… C'est un coléoptère (comme la coccinelle) capable de plonger en apnée dans les eaux d'un bassin pendant un quart d'heure. Sérieux prédateur, il se nourrit de larves, de petits poissons, de têtards. Il joue aussi un rôle non négligeable dans l'assainissement des eaux, en concourant à l'élimination des cadavres de toutes natures (poissons, reptiles, batraciens, mammifères). Le dytique vole très bien, surtout de nuit, et colonise ainsi tout nouveau bassin qui lui semble accueillant.

La punaise d'eau

Gerris lacustris évoque plus une araignée qu'un insecte à cause de ses grandes pattes. Il n'en possède pourtant que six, toutes porteuses d'un revêtement pileux hydrofuge, qui lui permettent de se déplacer sur l'eau par saccades rapides.

Il se nourrit d'insectes tombés dans le bassin et joue donc un rôle important dans l'entretien de la qualité de l'eau.

Punaise d'eau (Gerris).

Dytique (Dytiscus marginalis).

Gestes de base
Filtrer l'eau p. 14
Installer des poissons p. 24
Entretenir le bassin p. 26

Outils : une perceuse et du silicone.

3h

Un bassin sur la terrasse

Il n'est pas nécessaire d'être propriétaire d'un jardin pour pouvoir jouir d'une pièce d'eau ! Sur une petite terrasse, on peut tout à fait installer un, voire deux bacs, et profiter du spectacle des nymphéas à l'heure de l'apéritif.

Gestes de base
Installer un bassin hors-sol p. 12
Filtrer l'eau p. 14
Entretenir le bassin p. 26
Planter en panier ajouré p. 28
Catalogue
Nénuphar p. 76
Dictionnaire
Bassin hors-sol p. 107
Bassin surélevé p. 107
Cracheur p. 108
Pompe p. 112

Quelles plantes choisir ?

Dans un bassin hors-sol, la place est toujours limitée, c'est pourquoi il faut ajuster le nombre d'occupants au volume d'eau disponible. Mieux vaut donc dans un premier temps se limiter à deux plantes.

❶ *Nymphaea* 'Froebelii' : variété particulièrement florifère de juin à octobre, à fleurs de taille moyenne, d'abord en coupe, puis étoilées avant de faner. La couleur dominante est le rouge bordeaux clair. Les feuilles sont, quant à elles, d'abord bronze, puis vert pâle. Rustique, il supporte bien la vie en bac, si sa souche est immergée de 30 à 60 cm. À exposer en plein soleil pour assurer une bonne floraison !

❷ *Mimulus ringens :* plante gracile à feuillage caduc de 50 cm de hauteur environ, développant un feuillage vert tendre d'où émergent de juin à septembre de nombreuses petites fleurs mauves qui ressemblent à des fleurs d'iris miniatures. À planter au soleil ou, de préférence, à mi-ombre. Installez-la juste sous la surface de l'eau.

Comment faire ?

1. **Commencez par choisir un contenant.** Le demi-tonneau de bois est le contenant qui se prête le mieux à cette composition. D'abord, pour son matériau naturel qui s'accorde parfaitement avec l'ambiance du bassin, ensuite parce que le bois ne risque pas de rejeter dans l'eau un quelconque produit nocif. Mais on peut aussi recycler une vieille bassine en fer, un simple seau, une ancienne baignoire ou, pourquoi pas, une brouette…
2. **Choisissez un support plan et solide,** capable de supporter le poids du tonneau plein d'eau : en brique, en terre, etc. Le support ne doit pas craindre l'humidité, puisqu'il devra survivre aux inévitables débordements. Gros avantage de ce type de bassin surélevé, il est presque à hauteur des yeux. Et à plus forte raison, si on installe à proximité chaises et fauteuils de repos…
3. **Placez le bac au point le plus bas de la terrasse** (théoriquement en pente) pour limiter les ruissellements, dans lesquels vous seriez amené à marcher.
4. **Posez une grosse pierre** sur une « fondation » de briques, pour simuler une île. Elle permettra d'accueillir oiseaux et libellules. On peut lui ajouter un sujet cracheur, alimenté par une petite pompe immergée.
5. **Installez les deux locataires dans le bassin,** en les plaçant dans des paniers individuels pour pouvoir les poser à la bonne profondeur et faciliter leur entretien.
6. **Entourez le bassin de potées** pour l'intégrer à une ambiance végétale.

Et après ?

La culture aquatique en bac exige un suivi régulier, surtout si plusieurs plantes cohabitent. Pour profiter de la floraison du nymphéa, n'ayez pas de scrupules à supprimer des feuilles. Ne conservez ainsi au début que quatre feuilles. Puis, au fur et à mesure que les fleurs apparaissent, gardez toujours quatre feuilles, plus trois par fleur. Tout au long de la floraison, coupez à ras les tiges de mimulus fanées.

Bon à savoir

Il suffit de multiplier les bacs pour installer d'autres espèces. Et pour que l'ensemble soit équilibré, il faut penser à choisir des bacs de diamètre et de hauteur différents. Juste à côté du bac au nymphéa, un tonneau entier peut recevoir un lotus ou une autre plante exigeant une grande profondeur.

Juillet *Tour de main* **OUTILS :** une épuisette et un filtre. 1h

Conserver une eau claire

Vouloir à tout prix obtenir dans son bassin une eau aussi claire que celle de la piscine relève de la gageure. Aucune pièce d'eau ni aucune rivière, hormis les torrents de montagne, ne présente une eau aussi limpide. En revanche, il faut faire le maximum pour éviter à l'eau de se troubler exagérément.

Quelles plantes installer ?

Les plantes oxygénantes contribuent à la limpidité de l'eau, en limitant ou en empêchant la prolifération des algues brunes ou vertes responsables du trouble. Le potamot et la myriophylle sont les plantes oxygénantes les plus efficaces.

Comment faire ?

1. **Passez régulièrement l'épuisette** sur le bassin, pour retirer les feuilles mortes, les insectes maladroits et tous les déchets susceptibles de polluer l'eau. Jetez le fruit de votre pêche sur le tas de compost.
2. **Profitez-en aussi pour retirer une partie des plantes flottantes envahissantes…** Pour accomplir ces gestes sans y penser, et surtout sans contraintes, laissez toujours l'épuisette à proximité, cachée au pied d'une haie par exemple.
3. **Installez un système de filtration avec lampe UV** qui va empêcher la prolifération des algues.
4. **Évitez de planter directement au fond du bassin.** Les poissons, en fouissant dans la vase, entretiennent en effet en permanence une eau trouble. Pour dissuader ces brasseurs de vase, couvrez toujours la terre, celle du fond comme celle des paniers et autres conteneurs immergés, avec des pierres plates ou des galets.
5. **Ménagez une zone peu profonde (10 à 15 cm) tapissée de galets** sur une petite partie de la pièce d'eau. Vous pourrez ainsi profiter du spectacle des animaux aquatiques qui viendront se réchauffer sur cette « plage »…

Bon à savoir

Il ne faut jamais chercher à obtenir une eau parfaitement limpide, c'est impossible ! Le fond du bassin restera toujours sombre…

Gestes de base
Filtrer l'eau p. 14
Planter au fond du bassin p. 18
Installer des poissons p. 24
Entretenir le bassin p. 26
Planter en panier ajouré p. 28
Catalogue
Myriophylle p. 74
Potamot p. 78
Dictionnaire
Plante envahissante p. 111
Plante flottante p. 111
Plante oxygénante p. 111
Ultraviolets p. 113

Mimulus, Houttuynia.

Élimination des impuretés du bassin avec une épuisette.

Tirer parti des plantes oxygénantes

Toutes les plantes aquatiques sont oxygénantes, dans la mesure où, au cours de la journée, lorsqu'elles effectuent leur photosynthèse, elles libèrent de l'oxygène dans l'eau. Mais certaines le sont plus que d'autres, et sont donc très utiles, sinon indispensables dans un bassin.

Gestes de base
Planter au fond du bassin p. 18
Planter en panier ajouré p. 28
Catalogue
Élodée p. 71
Myriophylle p. 74
Pesse d'eau p. 72
Potamot p. 78
Renoncule p. 77
Dictionnaire
Plante envahissante p. 111
Plante oxygénante p. 111

De belles plantes

Les plantes dites oxygénantes sont généralement des végétaux dont l'essentiel du feuillage est immergé. Cela explique qu'elles rejettent de l'oxygène dans l'eau et non dans l'atmosphère.

Ce sont par ailleurs souvent des plantes élégantes et jolies à observer par transparence sous l'eau, ou bien qui développent un feuillage très décoratif à la surface du bassin. Certaines sont enracinées au fond, mais d'autres flottent librement en surface ou entre deux eaux.

Elodea densa.

Hippuris vulgaris.

Les cinq stars de l'oxygénation

- La pesse d'eau *(Hippuris vulgaris)* accepte volontiers de pousser en pot, immergé dans un demi-tonneau. Elle est donc utile pour tous les bassins hors-sol !
- La myriophylle *(Myriophyllum)*, dont le feuillage fin et plumeux se referme tous les soirs le long de la tige. À tailler régulièrement pour éviter l'envahissement…
- L'élodée *(Elodea canadensis)* est une jolie plante, très oxygénante, rustique, immergée et qui accueille les œufs des poissons. C'est LA plante à installer en priorité dans un bassin !
- Le potamot *(Potamogeton natans)*, est une espèce à grand développement, recommandée dans les grands bassins, et les pièces d'eau susceptibles d'être très polluées.
- La renoncule *(Ranunculus)*, s'installe facilement dans les ruisseaux, où elle produit de longues lanières immergées.

Bon à savoir

Si les plantes oxygénantes sont utiles le jour, elles continuent à respirer la nuit en rejetant du gaz carbonique. En trop grande quantité dans l'eau, ce dernier peut être dangereux pour les poissons. N'installez donc jamais plus de trois pieds de plantes oxygénantes par mètre carré.

Août *Modèle* **OUTILS :** une pelle, une pioche et une brouette.

4h

Le doux murmure d'une cascade

La cascade n'est pas obligatoire. Mais si l'on installe un système de filtration, il faut rejeter l'eau épurée dans le bassin… Alors, pourquoi ne pas le faire sous la forme d'une petite chute d'eau, dont le chant reposant vous enchantera ?

Comment faire ?

❶ **Étudiez avec soin** le débit et la hauteur nécessaires pour obtenir un bel effet. Une hauteur de 20 à 30 cm suffit généralement dans un bassin d'agrément pour ne pas faire trop « rapporté ». De plus, si la cascade est haute, elle fait davantage de bruit et peut importuner le voisinage, surtout la nuit. Un bon débit est par ailleurs très important. Retenez qu'il faut compter un débit de pompe d'environ 2 000 litres/heure par tranche de 10 cm de largeur de cascade.

❷ **Choisissez son emplacement.** La cascade doit toujours être située à l'opposé de l'endroit où la pompe effectue son puisage. Ainsi, pour que la cascade soit visible de la maison, de la terrasse ou d'un lieu de passage, il faut, lors de la conception du bassin, penser à installer la pompe, et donc l'arrivée de l'électricité, de l'autre côté.

❸ **Ne plantez rien à proximité** de la chute. C'est la règle essentielle. D'abord, parce que bon nombre de plantes aquatiques apprécient les eaux calmes, ensuite parce que les plantes risqueraient d'être abîmées par la chute d'eau, ou tout au moins de prendre des formes peu naturelles, s'étirant loin de la cascade. Enfin, le bruit de la chute d'eau serait assourdi par la végétation.

❹ **Recherchez un effet naturel.** Si le bassin est créé à l'endroit d'une cassure du terrain, le massif qui surplombe la pièce d'eau abritera le tuyau de la pompe. La sortie peut être aménagée de manière naturelle, au moyen de deux tuiles « canal » posées face à face et intégrées dans le mur, qui simuleront parfaitement un ancien drain de terre cuite.

Et après ?

Veillez à ce que le débit de la pompe soit constant pour garantir l'homogénéité du rideau d'eau.

Bon à savoir

La force de la chute d'eau finit toujours par former un trou dans la terre ou la vase. Il est donc indispensable de disposer de manière naturelle au fond de l'eau, à l'aplomb de la chute, des galets ou une pierre plate (en fonction des matériaux ayant servi à construire ou habiller le bassin). Ils encaisseront le choc sans que l'eau soit troublée.

Gestes de base
Filtrer l'eau p. 14
Dictionnaire
Cascade p. 107
Débit p. 108
Pompe p. 111

OUTILS : une tronçonneuse, une scie et une visseuse.

24h

Construire un ponton d'observation

Dans un bassin, il est plus réaliste d'envisager la construction d'un ponton que celle d'un véritable pont qui enjamberait la pièce d'eau. Outre son rôle esthétique, le ponton permet de « rentrer » dans le bassin, pour l'observer de l'intérieur.

Le principe du ponton

Il s'agit soit du prolongement d'une allée, de 80 cm de large sur un ou deux mètres de long, soit d'une plateforme de plusieurs mètres de côté pouvant faire office de terrasse, ou encore d'une allée sur pilotis qui serpente le long du bassin en « pénétrant » à l'occasion dans la végétation des plantes de berges.

Comment faire ?

1. Pensez-y dès la conception du bassin. Lors des travaux de terrassement, conservez un « îlot » à la distance souhaitée de la rive. Sa surface doit être plane et d'au moins 80 cm de large, et son sommet juste sous le niveau de la surface pour rester invisible. Le film d'étanchéité recouvrira l'ensemble du bassin, y compris l'îlot.

2. Posez sur l'îlot une ou plusieurs lourdes pierres plates. Stabilisez-les soigneusement car elles constitueront l'assise du ponton.

3. Posez deux poutres de charpente entre la rive et cet îlot. Ces poutres peuvent être lourdes; il vous faudra donc prévoir plusieurs paires de bras, voire un engin de levage, pour les installer. Sur ces poutres, vissez des lames de bois exotique qui formeront le plancher visible du ponton.

Bon à savoir

Le ponton doit affleurer la surface de l'eau, comme s'il flottait. S'il constitue le prolongement de la terrasse du jardin, il est réalisé dans le même matériau, mais il peut aussi être indépendant.

De gros poteaux peuvent simuler un embarcadère, installé là pour une hypothétique embarcation…

Important !

Un tel aménagement facilite l'accès au bassin, et notamment à ses zones d'eau plus profonde. Il est donc indispensable de prévoir un portillon, une clôture, ou tout autre équipement qui empêchera les jeunes enfants de s'y aventurer seuls.

Gestes de base
Créer un bassin avec un film souple p. 8
Dictionnaire
Film d'étanchéité p. 109
Sécurité des enfants p. 112

À FAIRE DE SEPTEMBRE

Le bassin

Automne	Récupérez les feuilles mortes au fur et à mesure qu'elles tombent dans le bassin. Au pire, tendez un filet.
	Laissez flotter des bouteilles en plastique lestées pour atténuer la poussée de la glace sur les parois verticales du bassin.
Hiver	Installez un dispositif pour faire fondre une partie de la glace du bassin. Attention, ce n'est utile que si la période de gel se prolonge plus de trois jours.
	Sur un petit bassin, et si l'accès est possible depuis la berge, retirez la neige qui s'est accumulée sur la glace, privant les plantes aquatiques de lumière.

ATTENTION

➔ ***Profitez des feuilles mortes*** qui tombent de vos arbres pour réaliser une bonne couverture isolante au pied de vos plantes de berge.
➔ ***Installez les plantes de berge*** au début de l'automne. C'est la meilleure période ! Le démarrage au printemps n'en sera que plus rapide.
➔ ***N'attendez pas*** les premières gelées pour mettre à l'abri les plantes frileuses. Anticipez !
➔ ***Ne laissez pas*** enfants et animaux monter sur la glace du bassin. Danger !

à Février

Les plantes	Les animaux
Supprimez feuilles et fleurs fanées des plantes à feuilles flottantes.	Si vous avez des poissons exotiques, rentrez-les en aquarium pour l'hiver.
Rentrez sous abri hors-gel les plantes frileuses comme les jacinthes et les laitues d'eau.	Apportez un complément de nourriture aux poissons qui doivent accumuler des réserves pour l'hiver.
Descendez dans la zone profonde du bassin les paniers de plantes dont les rhizomes ont besoin d'être à l'abri du gel.	
Paillez les souches des plantes de berges frileuses.	
S'il ne gèle pas, procédez à la plantation d'arbres de berges à racines nues.	Arrêtez de nourrir les poissons.
Supprimez feuilles et fleurs fanées des plantes à feuilles flottantes.	Ménagez des tas de pierres et de feuilles à proximité du bassin, pour l'hibernation des batraciens.

Septembre | Modèle | **Outils :** un marteau, un tournevis et un transplantoir. | 2h

Aménager un bain d'oiseaux

Un bain d'oiseaux est un petit récipient rempli d'eau mais peu profond, destiné à accueillir les oiseaux à la recherche d'un endroit pour s'abreuver ou se rafraîchir. Il peut être monté sur pied ou posé au ras du sol.

Quel modèle choisir ?

Il n'y a pas de règle, mais les oiseaux préfèrent qu'il y ait un vrai rebord où ils puissent se percher avant de se jeter à l'eau. Dans un récipient rempli de galets dont certains émergent de l'eau, les oiseaux peuvent à la fois se baigner dans l'eau peu profonde qui se réchauffe vite au soleil, mais aussi se désaltérer en se posant en apparente sécurité sur un des cailloux. Monté sur un pied, le bain d'oiseau apparaît par ailleurs plus accessible et sans danger aux oiseaux, car éloigné des chats. Très discret et fondu dans la végétation grâce à une couleur verte, le bain d'oiseaux facilite l'approche des oiseaux à l'abri des regards. En portant votre choix sur un bain en hauteur, vous offrez de surcroît aux oiseaux un champ de vision panoramique pour surveiller l'arrivée d'importuns. L'entretien sera en outre facilité pour le jardinier.

Comment faire ?

1. **Installez ce bassin portatif loin des lieux de passage.** Il faut donc oublier la terrasse, le bord des fenêtres, la proximité d'une entrée ou d'un arroseur automatique, et se contenter d'observer les oiseaux de la maison avec des jumelles !
2. **Détournez l'emploi de récipients usuels** pour les transformer en bains d'oiseaux. Vieux moule à tarte, couvercle retourné ou soucoupe pour poteries peuvent ainsi s'intégrer facilement en trouvant une seconde utilité. Une grosse pierre naturellement creusée peut également devenir un bain d'oiseaux recherché.

Et après ?

Les oiseaux ne se vexeront pas de quelques feuilles mortes au fond de leur vasque, mais il faut toutefois changer l'eau régulièrement. D'autant plus que l'eau d'un bain d'oiseaux, du fait de son faible volume, peut rapidement « tourner » après une trop longue exposition au soleil, après une forte averse, ou simplement par accumulation d'excréments ou d'autres déchets organiques.

OUTILS : une pelle et un transplantoir.

1h

Planter des lotus

Rien de tel qu'un lotus pour apporter une touche d'exotisme ! Mais son rhizome peut s'allonger de plusieurs mètres en une saison ! Donc, à moins de vouloir un bassin garni uniquement de cette plante, placez-le plutôt dans un bac qui lui soit réservé. Plus il sera grand, plus la touffe sera belle...

Le bon plant

Si vous commandez votre lotus par correspondance, vous recevrez un rhizome nu. Manipulez-le avec précaution, car il est très fragile. Si vous l'achetez en conteneur, sa reprise est assurée.

Comment faire ?

Plantez le lotus quand les dernières gelées du printemps sont passées, et jusqu'en septembre.

1. **Choisissez un grand bac.** Hors-sol, un tonneau de 80 cm de diamètre suffit si sa profondeur est d'au moins un mètre. Dans un bassin, il vaut mieux planter le lotus dans un bac indépendant car il est envahissant. Il suffit alors de l'immerger de sorte que la surface du substrat soit à 40 cm sous la surface de l'eau.
2. **Soignez la préparation du substrat** (le lotus est une plante gourmande...), que vous confectionnerez vous-même, en mélangeant de la terre de jardin à du fumier décomposé du commerce, dans les proportions 80/20. Disposez une quarantaine de centimètres du mélange terreux. Arrosez beaucoup le mélange pour obtenir une boue pâteuse. Noyez deux ou trois cubes d'engrais à libération lente.
3. **Placez le rhizome à plat** dans une petite rigole de 10 cm de profondeur, creusée à la surface du mélange. Recouvrez-le de terre, et ne laissez dépasser que le bourgeon terminal. Attention, placez toujours le rhizome sur un des côtés du bac, le bourgeon terminal dirigé vers le centre de bassin et vers l'est, là où le soleil réchauffe l'eau le plus vite le matin.
4. **Placez un gros caillou sur le rhizome** pour bien l'immobiliser en attendant qu'il développe des racines. Enfin, des galets répartis à la surface maintiendront la terre en place.

Bon à savoir

Si vous plantez un lotus en conteneur, installez la motte en prenant soin de ne pas la briser, de sorte que son sommet affleure la surface du mélange terreux.

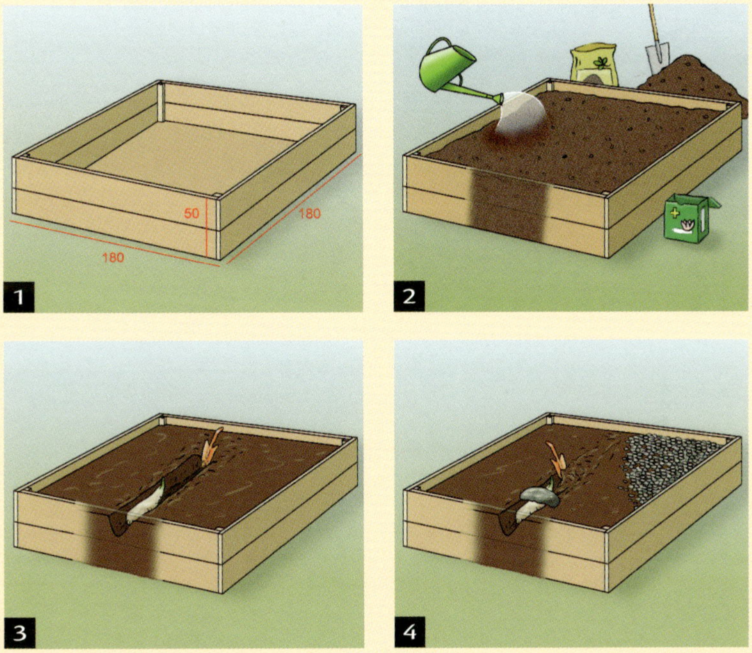

Comptez au moins 3 m² par pied de lotus immergé dans un bassin. Le bac utilisé doit donc être plus large que profond.

Gestes de base
Diviser les plantes aquatiques p. 20
Catalogue
Lotus p. 75
Dictionnaire
Bassin hors-sol p. 107
Conteneur p. 108
Cubes à libération lente p. 108
Rhizome p. 112
Substrat p. 113

Septembre **S. O. S.** **OUTILS :** une pompe vide-cave et une grande cuve.

3h

Vider le bassin

Un bassin installé et bien équilibré ne doit pas être vidangé. Toutefois, cette opération est parfois nécessaire pour effectuer une réparation du liner.

Comment faire ?

1. **Utilisez une pompe vide-cave** ou un aspirateur de bassin conçu pour cette opération (il existe de nouveaux matériels sur le marché) ou bien, si cela est possible, détournez le tuyau de refoulement placé après le filtre pour le diriger vers le jardin, un fossé, un puisard, etc.

2. Vous pouvez aussi détourner l'eau vers une grande cuve où vous installerez vos poissons en attendant. L'eau pourra ensuite être réintroduite dans le bassin.

3. **Récupérez l'eau pour l'arrosage.** Si vous possédez une cuve pour l'eau de pluie, vous pouvez la remplir avec l'eau du bassin. Faites-la simplement passer à travers un filtre de fortune, comme un sac de jute, pour retirer les plus grosses particules qui pourraient par la suite perturber le fonctionnement d'une pompe ou d'un arroseur.

Avec quelle eau le remplir ?

La réparation effectuée, il ne faut surtout pas remplir le bassin en une seule fois, au risque de modifier trop brutalement la température de l'eau. Si vous n'avez pas gardé l'eau originelle, utilisez de l'eau du réseau domestique, la seule qui offre toutes les garanties de qualité. Remplissez le bassin par étapes, en ajoutant 5 cm d'eau au maximum tous les deux ou trois jours.

L'idéal est d'avoir recours à une sorte de bassin tampon à l'extérieur de la maison, dans lequel vous pourriez stocker l'eau du réseau, afin de laisser le temps au chlore de s'évaporer avant de l'utiliser pour votre bassin. Autre avantage, cette eau peut ainsi doucement s'équilibrer à la température extérieure, et le choc thermique est encore moins important lors du remplissage du bassin.

Bon à savoir

Si le bassin doit être vidé de plus du tiers de son contenu, il est vivement conseillé de sortir les poissons au préalable, car il risque fort de se produire une surconcentration de substances nocives dans l'eau, dont ces derniers pourraient pâtir.

Le cracheur donne vie au bassin

Dès que l'on met en place une filtration, il faut gérer le retour de l'eau épurée dans le bassin. Ainsi, si le sujet cracheur n'est pas obligatoire, c'est une jolie manière de joindre l'utile à l'agréable…

Gestes de base
Filtrer l'eau p. 14
Dictionnaire
Cracheur p. 108
Pompe p. 112

Le sujet cracheur est l'un des centres d'intérêt du bassin. Il peut être ostentatoire comme le Manneken-Pis de Bruxelles, pour attirer immédiatement le regard, mais il peut aussi se faire discret et se remarquer d'abord par le bruit du jet d'eau, pour forcer le visiteur à le débusquer dans la végétation. Le sujet animalier est le choix le plus fréquent. Installé généralement sur la berge, museau vers le ciel, il envoie son jet dans le bassin.

Comment faire ?

1. **Efforcez-vous de créer la scène la plus réaliste possible,** en tentant de reproduire autour du sujet l'environnement de l'animal représenté : si c'est un dauphin, il sera dans l'eau, si c'est une grenouille, elle sera presque cachée dans la végétation, si c'est un personnage, il sera obligatoirement sur la berge.
2. **Un bassin de terrasse peut également accueillir un sujet cracheur.** Le côté plus artificiel du bassin autorise l'emploi de sujets non animaux et plus décoratifs. Il faut cependant prendre en compte deux éléments importants : les inévitables éclaboussures ne sont pas toujours les bienvenues sur la terrasse, et contribuent par ailleurs à la baisse du niveau de l'eau ; par ailleurs, les plantes retenues n'acceptent pas toujours ces mouvements d'eau…
3. **Point n'est besoin d'avoir un bassin pour profiter d'un sujet cracheur !** Un sujet négligemment posé dans un coin de la terrasse ou dans un massif peut envoyer un jet d'eau vers un réceptacle de galets qui masque en fait un réservoir enterré. Une petite pompe immergée recycle l'eau via un tuyau enterré vers le sujet cracheur...

Bon à savoir

Attention aux dimensions du sujet cracheur ! Il ne doit en effet pas être disproportionné par rapport au bassin.

Le sujet cracheur est destiné à donner vie au bassin, d'abord par le choix d'un sujet animal ou humain, mais aussi par le bruit de l'eau.

Octobre **S. O. S.**

OUTILS : une épuisette et un bassin de mise en quarantaine.

Aux petits soins pour les poissons

Les poissons sont sensibles à leur environnement et peuvent souffrir d'une mauvaise alimentation, d'une blessure, d'une maladie. Mieux vaut donc savoir offrir à ses protégés des conditions de vie satisfaisantes...

Les règles d'or

- **Prévoyez un bassin d'au moins 1 mètre de profondeur.** Plus le bassin sera profond, moins les changements de températures seront brutaux, et moins les poissons subiront de chocs thermiques.
- **Mettez en quarantaine tout nouveau poisson** dans un aquarium d'eau filtrée pendant un mois. Car la première cause de contamination d'un bassin, c'est l'introduction de plantes ou d'animaux issus d'un bassin infecté. Si le sujet développe des symptômes douteux, il vaut mieux l'éliminer.
- **Ne prélevez pas de végétation dans d'autres plans d'eau**, car elle pourrait propager des maladies.
- **Ne laissez pas l'eau de ruissellement du jardin s'écouler dans le bassin,** même si la tentation est grande, pour compenser les pertes par évaporation. En effet, cette eau se charge sur son chemin de restes de pesticides ou d'autres produits et risque d'intoxiquer les poissons.
- **Évitez la surpopulation,** qui est également un facteur de risque de mauvaise santé pour les poissons. Ne dépassez pas une quinzaine de sujets par mètre cube d'eau filtrée. Si vous n'installez pas de filtration, ce nombre est à ramener à cinq ! Et si vous souhaitez héberger des carpes koï, sachez qu'il faut réserver au moins 5 m^3 par unité...

Maux et remèdes

Les symptômes de maladies ne sont pas faciles à détecter, et il faut souvent pêcher le poisson à l'épuisette pour les observer.

Qui plus est, il faut souvent être spécialiste et bien connaître la faune aquatique pour repérer les vrais soucis pathologiques. Voici cependant les symptômes courants les plus faciles à identifier par l'amateur de bassin. Pour les autres, la meilleure solution est de demander conseil dans le magasin spécialisé le plus proche de chez vous.

- **Gonflement généralisé du poisson** (surtout les koïs) : il est dû à l'accumulation d'eau dans le corps du poisson. Isolez l'individu dans un bassin aux excellentes conditions, et salez l'eau. Un spécialiste pourra prescrire des antibiotiques.
- **Détresse respiratoire** : le poisson passe son temps à proximité de la cascade ou de la sortie du filtre. Ce symptôme est signe que l'eau est polluée. Plusieurs causes possibles : il y a trop de poissons, la filtration s'est arrêtée et l'eau manque d'oxygène, la surface du bassin est gelée, ou la température de l'eau est trop élevée.

Gestes de base
Installer des poissons p. 24
Entretenir le bassin p. 26
Catalogue
p. 97-103
Dictionnaire
Choc thermique p. 107
Quarantaine p. 112

Plantes érigées

Les plantes érigées donnent du volume au bassin, tout en permettant de créer des séparations visuelles. Il faut s'efforcer de choisir des espèces vivaces et décoratives toute l'année, au moins par leur feuillage…

Typha angustifolia.

Un décor permanent

• La glycérie *(Glyceria fluitans)* produit de généreuses touffes de feuilles fines et panachées de crème (pour la variété 'Variegata'), dans lesquelles la faune aquatique trouve refuge. Elle est intéressante en hiver car elle met un peu de lumière dans la scène. Elle accepte d'être immergée jusqu'à 30 cm de profondeur.

• La prêle *(Equisetum spp.)* est une plante vivace amphibie qui pousse sous 15 cm d'eau. Ses tiges très droites ressemblent à celles des bambous, avec des nœuds très foncés. *Equisetum hyemale*, la prêle d'hiver, est la plus courante et la plus facile à cultiver. Elle forme des touffes compactes décoratives toute l'année qui peuvent atteindre 1 m de hauteur. Elle couvre de grandes surfaces.

Bouquets secs en perspectives

Les grandes tiges des plantes érigées peuvent être coupées pour la réalisation de bouquets à rentrer à la maison. À ne pas perdre de vue en toutes saisons lors des travaux d'entretien !

• La masette *(Thypha)* : comment imaginer un bassin sans ses épis cylindriques caractéristiques ? En grands bassins, adoptez *Typha angustifolia*, une espèce vigoureuse qui peut dépasser 2 m de hauteur avec des épis de 20 cm de long. En petits bassins ou en bac, il faut plutôt choisir *Typha minima*, une réplique miniature qui ne dépasse pas 60 cm de hauteur.

• Le jonc *(Juncus effusus)*, produit des tiges cylindriques vertes avec, en été, des inflorescences brunes originales. À couper avant que ces dernières soient trop épanouies. La variété 'Spiralis' sera appréciée des amateurs de curiosités, avec ses tiges en tire-bouchon…

Elles jouent avec le vent

Graminées et cypéracées ondulent sous le vent… N'hésitez pas à les associer aux plantes vivaces !

• La canche gazonnante *(Deschampsia cespitosa)* est une graminée robuste dont les feuilles ne dépassent guère 60 cm, mais dont les épis très ramifiés flirtent avec le mètre. Elle apprécie les sols détrempés, voire passagèrement inondés. C'est donc une plante de berge par excellence.

• Le carex *(Carex elata)* est souvent vendu avec les graminées bien qu'il fasse partie de la famille des Cypéracées. C'est en effet une « herbe » vivace rustique, très décorative par son feuillage qui persiste en hiver. Ses épis floraux sont du reste appréciés. *Carex elata* 'Aurea' est la variété la plus lumineuse, avec ses feuilles panachées jaune et vert. Elle peut atteindre 1 m de hauteur.

Equisetum hyemale.

Carex elata 'Aurea'.

Gestes de base
Installer des plantes de berge p. 16
Catalogue
Canche gazonnante p. 87
Jonc p. 91
Prêle p. 88

Novembre *Tour de main*

OUTILS : une agrafeuse, un tournevis et une perceuse.

2h

Une pompe dans un tonneau

S'il est relativement aisé de dissimuler câbles et tuyaux dans un bassin de jardin, l'opération se révèle plus délicate dans un tonneau ou tout autre bassin hors-sol. Le bricolage s'impose. Il suffit cependant de savoir utiliser une perceuse sans fil et du mastic d'étanchéité, ce qui est à la portée de tout un chacun.

Quelle pompe choisir ?

Dans un tonneau, la pompe ne sert qu'à alimenter un petit jet d'eau. On utilise donc une pompe spécifique, électrique, dont la puissance est adaptée à la hauteur et à la forme du jet souhaitées. Il faut privilégier les modèles à débit réglable pour ajuster la hauteur du jet d'eau aux dimensions du bac. Sur cette pompe, on installe un ajutage, c'est-à-dire une pièce percée à travers laquelle on fait passer l'eau pour lui donner une forme particulière.

Comment faire ?

1. **Posez votre pompe sur un support bien plan,** à mi-hauteur, de façon à ce que son fonctionnement ne soit pas perturbé par la vase qui risque de s'accumuler au fond du contenant. Quelques briques font l'affaire. Pour éviter que la pompe ne bascule, fixez-la sur le support immergé. Elle comporte généralement des ergots dédiés à ce montage. La tige de l'ajutage est souvent télescopique pour s'adapter à chaque situation. Réglez-la de manière à ce que l'ajutage émerge de l'eau de 2 à 3 cm.

2. **Agrafez le câble sur la paroi intérieure du baquet,** au fond, puis jusqu'au rebord supérieur, si vous ne souhaitez pas percer l'enveloppe de votre tonneau. Si vous êtes un peu plus bricoleur, percez la base de la paroi avec un foret de diamètre légèrement supérieur à celui du câble électrique, et faites-y passer ce dernier après avoir démonté la prise. Une fois le câble positionné, comblez le trou de mastic silicone. Laissez sécher 24 heures avant la mise en eau.

3. **Réalisez une encoche sur l'arête,** avec une lime ronde (dite queue de rat) du diamètre du câble, afin de faire redescendre ce dernier à l'extérieur, toujours en l'agrafant sur la paroi. Vous pouvez aussi faire passer le câble par-dessus le bord du bac, sans réaliser d'encoche, mais il se verra davantage et vous risquez de vous accrocher dedans lors des travaux d'entretien.

4. **Raccordez le câble à une prise extérieure,** impérativement reliée à un disjoncteur différentiel de 30 mA. Ce dernier coupera en effet automatiquement l'alimentation électrique dès le moindre court-circuit, et surtout avant que quiconque ne ressente la moindre électrocution. Ces disjoncteurs sont en vente dans tous les rayons électricité, souvent dans une vitrine fermée à clé car ils sont chers et faciles à dérober.

Bon à savoir

À défaut de prise de courant disponible, sachez qu'il existe des pompes solaires alimentées par un petit panneau grand comme un livre et facile à dissimuler derrière la végétation, à proximité du baquet.

Gestes de base
Installer un bassin de terrasse p. 12
Filtrer l'eau p. 14
Dictionnaire
Ajutage p. 106
Bassin hors-sol p. 107
Débit p. 108
Pompe p. 112
Sécurité électrique p. 112

Outils : un filet, une épuisette ou une fourche et du grillage à poule.

1h

Lutter contre les feuilles mortes

En automne, les importantes chutes de feuilles peuvent altérer rapidement la qualité de l'eau d'un bassin. Ces matières organiques en décomposition s'accumulent au fond, se décomposent en puisant l'oxygène de l'eau et contribuent au développement des algues.

Comment faire ?

1. **Évitez au départ d'installer votre bassin sous les arbres,** même des conifères ; par la suite, ne plantez pas d'arbustes à feuillage caduc à proximité. Si vous voulez absolument planter arbres ou arbustes près du bassin, choisissez des variétés à grandes feuilles, beaucoup plus faciles à collecter à l'automne, et qui se dégradent moins vite.
2. **Si la taille de votre bassin le permet, tendez au-dessus un filet** du type de celui qui est utilisé sous les oliviers ou les pruniers pour récolter les fruits. Ce n'est pas esthétique, mais très efficace ! Fixez-le en le lestant de quelques planches sur le bord du bassin, afin qu'il ne coule pas sous le poids de feuilles, ou que le vent ne l'emmène pas. Il suffit de le vider une fois par semaine. Étalez les feuilles ainsi ramassées sur la terre préalablement ameublie des massifs des berges.
3. **Sinon, entre septembre et novembre, retirez les feuilles tous les jours avec une épuisette,** ou, pour aller plus vite, avec une fourche à fumier dans les dents de laquelle vous aurez coincé un carré de grillage à poules à petites mailles.
4. **Au printemps et à l'automne, épandez des bactéries spécifiques** pour éliminer la vase de feuilles mortes. Il s'agit d'une poudre à épandre à la surface de l'eau, et qui se dissout toute seule. À appliquer lorsque le système de filtration est en marche pour une répartition homogène dans tout le bassin.

Bon à savoir

Les plantes aquatiques et les plantes de rives à feuillage caduc perdent également leurs feuilles en automne. Ainsi, même si vous n'avez pas d'arbres à proximité de votre bassin, vous ne pourrez échapper à la séance de collecte des feuilles mortes !

Gestes de base
Entretenir le bassin p. 26

C'est à la fois le charme et la plaie de l'automne : la chute des feuilles mortes. Avec les pétales des fleurs, elles constituent une source importante de pollution de l'eau.

Décembre | *Tour de main* | **Outils :** une pelle, un râteau, une truelle, un marteau et des ciseaux. | 4h

Créer un relief avec la terre d'excavation

C'est bien connu : lorsque l'on creuse un trou d'un mètre cube, on se retrouve avec un tas de terre de 2,50 m^3 ! Ce phénomène est dû au foisonnement, c'est-à-dire à l'augmentation de volume de la terre due à son ameublissement. Cette terre peut être réutilisée au jardin, mais aussi juste à côté du bassin pour créer un miniruisseau…

Bon à savoir

En introduisant peu de plantes sur le torrent, on renforce encore davantage l'aspect sauvage et la vitesse de l'eau. Les plantes de bassin n'acceptent d'ailleurs pas de vivre dans un cours d'eau vive. Il faut donc se rabattre sur les plantes de berges comme les iris, les calthas, les arums, etc.

Comment faire ?

Attention, il ne s'agit pas de monter un terril dans votre jardin tout plat, et encore moins de faire remonter l'eau à son sommet pour faire cascade vers le bassin ! Il est judicieux d'utiliser cette terre pour réaliser un paysage de hauteur raisonnable, mais constitué de plusieurs « monts » entre lesquels pourrait serpenter votre faux torrent.

1. **Repoussez la terre extraite lors des fouilles et étalez-la à proximité du bassin,** près duquel elle vient mourir en pente douce. Elle peut être retenue par de grosses pierres mises en place avec un engin. Dans ce cas, les plus grosses sont vers l'aval.
2. **Dans ce mouvement de terre, creusez un lit de rivière,** à partir du tiers supérieur, en respectant une pente de 1 à 5 cm par mètre. Tapissez le fond du lit avec le même film que celui utilisé pour l'étanchéité du bassin.
3. **Aménagez des poches sur le cours,** où l'eau sera plus calme, pour installer des plantes de rives. Scellez discrètement les roches des berges tout le long du ruisseau pour éviter l'érosion due au passage de l'eau.
4. **L'eau pompée dans le bassin est refoulée,** après filtration, entre des pierres à la naissance du lit, pour simuler une source. Ainsi, la scène paraît naturelle ; on pourrait croire que c'est le cours d'eau qui a creusé son passage dans la roche…

Et après ?

Le ruissellement de l'eau provoque d'inévitables éclaboussures hors du cours et contribue à la baisse du niveau d'eau dans le bassin. Il faut donc surveiller régulièrement ce dernier et rajouter de l'eau le cas échéant, ou installer un système automatique sur le même type que celui de la chasse d'eau.

Gestes de base
Créer un bassin avec une membrane souple p. 8
Dictionnaire
Film d'étanchéité p. 109
Foisonnement p. 109

Outils : un voile d'hivernage, des liens en plastique et un filtre.

2h

Les secrets d'un biotope équilibré

L'eau, les plantes et les animaux du bassin forment un milieu naturel agité de constantes interactions. Il s'établit un équilibre d'autant plus fragile que le bassin est de petite taille. Mais il existe des astuces pour le préserver. Attention, dans un nouveau bassin, il faut plusieurs mois avant qu'un réel équilibre s'installe.

Comment faire ?

1. **Immergez rapidement des plantes oxygénantes** (myriophylle, potamot, élodée, etc.) Qu'il s'agisse de boutures prélevées dans un autre bassin ou de jeunes plantes achetées dans le commerce, procédez comme suit : liez 3 à 5 plantes ensemble avec une attache plastique, piquez-les dans un petit pot rempli de terre lourde, que vous envelopperez d'un voile d'hivernage. Ligaturez l'ensemble comme un bonbon au niveau du collet des plantes, puis laissez couler le pot emmailloté au fond de votre bassin.
2. **Installez un système de filtration efficace**, avec lampe UV. N'ayez crainte, il n'existe aucun risque de brûlure. L'efficacité du système est d'autant plus rapide qu'il est installé au début de la réalisation.
3. **Favorisez le développement et l'installation des bactéries utiles** en immergeant des produits d'accueil comme la pierre de lave. Disposez-les aux différentes profondeurs du bassin.
4. **N'utilisez jamais les engrais classiques** pour plantes de jardin dans votre bassin ; préférez-leur les formules à décomposition lente.
5. **Limitez-vous à de toutes petites quantités à la fois** si vous donnez de la nourriture aux poissons, car ils sont gaspilleurs. Et toute la nourriture non consommée fermente et pollue l'eau.
6. **Veillez à ce que les plantes à feuilles flottantes couvrent au moins la moitié de la surface** de l'eau pour assurer une ombre bienfaisante.
7. **Ajustez le nombre de poissons** au volume (quitte à en éliminer).

Bon à savoir

Envisagez toujours un grand bassin (au moins 10 m[2]), et suffisamment profond (0,80 m), pour faire tampon aux variations de température.

Une cascade contribue à la nécessaire oxygénation de l'eau. Un grand volume d'eau est en effet beaucoup moins sensible à tous les changements brusques.

Gestes de base
Filtrer l'eau p. 14
Planter au fond du bassin p. 18
Entretenir le bassin p. 26
Planter en panier ajouré p. 28
Catalogue
Élodée p. 71
Myriophylle p. 74
Potamot p. 78
Dictionnaire
Biotope p. 107
Cascade p. 107
Collet p. 108
Plante flottante p. 111
Ultraviolets p. 113

Janvier *Tour de main*

OUTILS : une pelle, une pioche, des ciseaux et un niveau.

4h

Créer un ruisseau

Pas très difficile à mettre en place, un petit cours d'eau complète l'ambiance du bassin, en ajoutant du mouvement et de la vie au jardin.

Gestes de base
Créer un bassin avec un film souple p. 8
Dictionnaire
Débit p. 108
Film d'étanchéité p. 109
Plante de berge p. 111
Pompe p. 112

Le principe du ruisseau

Votre ruisseau artificiel doit fonctionner de la manière suivante : une pompe immergée dans le bassin refoule l'eau jusqu'au départ du ru par un tuyau enterré, cette eau semblant redescendre naturellement. Une pente de 1 à 5 cm par mètre est idéale pour profiter d'un courant assez lent tout en évitant le ravinement des berges.

Comment faire ?

1. **Prévoyez un ruisseau d'une largeur de 30 à 50 cm,** afin de limiter la puissance de pompe nécessaire à la remontée de l'eau et à la réalisation d'un débit suffisant. Comptez une quinzaine de centimètres de profondeur.
2. **Tapissez le fond avec le même caoutchouc que celui utilisé pour le bassin.** Calez bien les bords, en intégrant le tuyau de remontée de l'eau, et disposez de nombreux galets dans le cours. Ces derniers masqueront d'une part le film d'étanchéité, mais contribueront aussi à accentuer le bruit de l'eau qui coule.
3. **Faites suivre les courbes de niveau à votre cours d'eau,** si votre terrain est déjà en pente naturelle, plutôt que de descendre trop directement. Vous obtiendrez ainsi un effet plus naturel.
4. **Dissimulez l'arrivée du tuyau au sommet,** pour simuler une source. Cette dernière peut se trouver à quelques mètres comme à plusieurs dizaines de mètres. Quelques pierres, faciles à bouger pour l'entretien ou en cas de problème, formeront le décor d'une source plus vraie que nature.
5. **Si la pente de votre jardin est trop importante, ménagez des paliers successifs,** avec des petits barrages, pour freiner la descente de l'eau. Pensez aussi à multiplier les courbes pour freiner le débit.

Bon à savoir

Un ruisseau doit être étroit et présenter des courbes douces et harmonieuses. De nombreuses plantes de berge peuvent habiller les rives et cacher la structure tout en enjambant parfois le cours. La scène semble ainsi parfaitement naturelle…

Un ruisseau constitue également une bonne occasion pour aménager un pont, un gué, ou pour alimenter une fontaine japonaise sonore.

Février | S. O. S. | **Outils :** un fagot, du polystyrène ou une bouteille de 5 litres et une casserole.

2h

Mon bassin est gelé !

C'est inéluctable : dès que la température descend en dessous de zéro, la surface de l'eau du bassin prend en glace. C'est plutôt joli, mais il vous faut intervenir pour éviter tout dommage, et permettre les échanges gazeux entre l'eau et l'atmosphère.

Dictionnaire
Volume d'eau
p. 113

Comment faire ?

1. Lorsque l'eau gèle, son volume augmente et de fortes pressions s'exercent sur les parois du bassin, au risque de le faire éclater s'il s'agit d'une construction maçonnée. C'est pourquoi il faut toujours prévoir un moyen d'amortir ces effets. Un fagot de petits bois, un morceau de polystyrène ou une bouteille plastique de cinq litres lestée de sable laissés à flotter sur le bassin constituent d'excellents moyens d'amortir cette poussée.

2. Il faut aussi pouvoir assurer l'évacuation du gaz carbonique rejeté par les plantes et les animaux. Afin de maintenir une ouverture permanente dans la glace, qui fera office de cheminée, installez un système électrique flottant qui permettra de maintenir l'eau à une température positive et empêchera sa prise en glace sur un diamètre de 15 à 30 cm.

Astuce

Voici un truc pour empêcher l'eau de votre bassin de geler sur une trop grande épaisseur : dès que la glace atteint 2 ou 3 cm d'épaisseur, ménagez un trou près de la rive, suffisamment grand pour y passer une casserole.

Ne tapez pas au marteau sur la glace, les ondes de choc pourraient tuer les poissons ! Posez simplement sur la glace un récipient contenant de l'eau très chaude et attendez quelques minutes. Puisez de l'eau sous la glace, jusqu'à ce que la surface ne soit plus en contact avec la glace. C'est tout.

La glace jouera le rôle d'isolant, et même si la température descend très bas, l'eau ne gèlera pas sous la glace. Recouvrez toutefois l'ouverture d'une planchette. N'attendez pas que la glace soit trop épaisse pour intervenir. L'opération est plus facile lorsque la couche est fine.

Le Catalogue

Les meilleures plantes immergées

des 30 plantes de bassins

Alisma plantago aquatica Plantain d'eau

On l'appelle parfois flûteau commun. C'est une plante aquatique vivace. Ses feuilles d'abord rubanées deviennent en flottantes lorsqu'elles arrivent en surface, puis aériennes et lancéolées.

Espèces conseillées

Au début de l'été, la haute tige florale de *A. plantago aquatica* sort de l'eau pour développer une large panicule de nombreuses petites fleurs blanches ou rosées de 5 à 7 mm de diamètre. Viennent ensuite les fruits, qui tombent à l'eau et propagent la plante.
A. canaliculatum est une espèce plus petite, conseillée pour les petits bassins.

Comment le réussir ?

Plantez le plantain au soleil, voire à mi-ombre, de préférence en panier rempli d'un mélange de terreau aquatique et de terre de bruyère, à parts égales, et enrichi d'engrais à libération lente, et immergez-le jusqu'à 40 cm. Il faut prévoir 8 à 10 pieds pour 1 m². Il résiste bien au froid et ne craint rien s'il est immergé sous le niveau de congélation.

Bon à savoir

Pour éviter de retrouver du plantain tout autour du bassin, pensez à supprimer les fleurs fanées avant la formation des fruits.

FLORAISON

J	F	M	A	M	J
J	A	S	O	N	D

accepte la mi-ombre

-15 °C

1 m / 30 cm

Aponogeton distachyus Épi d'eau

L'épi d'eau, ou aubépine du Cap, est une jolie plante vivace à feuilles flottantes à l'extrémité d'épaisses tiges souples et tubulaires qui partent directement du rhizome. Elle se développe naturellement dans les étangs du sud de la France.

Espèce conseillée

Les grappes simples de *A. distachyus* portent de minuscules fleurs parfumées dotées de un à six tépales et six étamines. Elles sont accompagnées d'une bractée qui a l'aspect d'une spathe.

Comment le réussir ?

Plantez-le entre 5 et 40 cm de profondeur, au soleil ou mi-ombre, dans un mélange de terre argileuse et de terreau pour plantes aquatiques. Dans les régions à climat doux, les feuilles persistent pendant une grande partie de l'hiver. Comptez 3 à 5 pieds pour 1 m².

L'erreur courante

On a toujours peur de trop immerger l'épi d'eau ! Or, en hiver, la souche doit impérativement se trouver sous le niveau de congélation de l'eau du bassin. À défaut, il faut l'extraire et lui faire passer la mauvaise saison en caisse à l'abri du gel.

Associations

Azolla filiculoides, dont la couleur bleutée, puis rouge, joue le contraste avec le vert satiné des feuilles de l'épi d'eau.

FLORAISON

J	F	M	A	M	J
J	A	S	O	N	D

accepte la mi-ombre

0 °C

1 m / 0,80 m

Azolla filiculoides Fougère aquatique

Cette fougère aquatique, parfois appelée mousse des fées, est une plante nageante, filtrante et oxygénante, utile pour clarifier l'eau. L'hiver, elle prend une teinte rouge bronze, avant de disparaître de la surface pour germer au printemps à partir de ses spores immergées.

Espèce conseillée

A. filiculoides a un contact duveteux et ses petites rosettes veloutées forment un tapis vert bleuté et dense. Celles-ci flottent et s'agglomèrent à la surface de l'eau grâce à des racines filamenteuses longues et collantes.

Comment la réussir ?

Elle apprécie le plein soleil comme la mi-ombre. Elle peut très vite recouvrir un bassin. Installez-en 2 ou 3 pieds au maximum par m^2 pour pouvoir la maîtriser plus facilement, étant donné sa rapidité à se multiplier .

Bon à savoir

Si vous possédez des poissons, veillez à ce qu'ils aient suffisamment d'espace pour pouvoir remonter à la surface sans que celle-ci soit obstruée par un tapis trop dense. Si la fougère aquatique est trop envahissante, il suffit de la pêcher à l'épuisette puis de la jeter au compost.

Associations

Avec des nymphéas dont les grandes feuilles flottantes limiteront son envahissement.

FLORAISON					
J	F	M	A	M	J
J	A	S	O	N	D

accepte la mi-ombre

-15 °C

10 cm / illimitée

Callitriche palustris Étoile d'eau

Appelée aussi stellaire, à cause de ses tiges fines et ramifiées, c'est une bonne plante oxygénante. Elle sert de refuge aux puces d'eau douce, aux alevins et aux crevettes. Les poissons déposent leurs œufs sur la face inférieure de ces plantes.

Espèce conseillée

C. palustris forme une touffe compacte. En hiver, quelques feuilles flottantes, opposées, restent apparentes. De mai à octobre, de petites fleurs vertes presque dorées apparaissent discrètement.

Comment la réussir ?

C'est une plante rustique. Elle apprécie une exposition en plein soleil, sous 20 à 60 cm d'eau claire et stagnante, ou à léger courant et non acide, comme les rivières à truites.

Et après ?

Vous pouvez la multiplier en réalisant des boutures de tiges au printemps ou en été. Le petit gibier d'eau mange ses jeunes pousses. Pour limiter son développement, n'installez pas plus de 5 pieds au m^2, ou plantez-la dans des paniers ajourés que vous immergerez.

S.O.S.

Si vous possédez des poissons, veillez à ce que les rosettes n'envahissent pas plus de 50% de la surface de votre bassin, car les échanges gazeux entre air et eau ne s'effectueraient plus normalement et les poissons ne pourraient plus recevoir assez d'oxygène.

Associations

Avec d'autres plantes à feuilles flottantes, mais larges.

FLORAISON					
J	F	M	A	M	J
J	A	S	O	N	D

accepte la mi-ombre

-15 °C

40 à 60 cm / 40 à 60 cm

Ceratophyllum demersum Cornifle

C'est une plante vivace dite oxygénante, avec un feuillage non persistant, porté par des tiges fines, dressées, qui peuvent atteindre plus de 1,50 m. Il hiverne sous forme de turions (bourgeons souterrains).

FLORAISON

J	F	M	A	M	J
J	A	S	O	N	D

-15 °C

0,10 à 1,50 m

Espèce conseillée

Le feuillage plumeux de *C. demersum* est constitué de verticilles de petites feuilles en forme de fourche vert foncé à vert brun, de 1 à 4 cm de long.

Comment le réussir ?

Immergez le cornifle (qui est dépourvu de racines) dans 30 à 80 cm d'eau calme, et laissez-le flotter librement. Il pousse dans des zones plus profondes que la plupart des plantes immergées. Il supporte l'ombre et se développe en profondeur ou à l'ombre d'autres végétaux. Il produit beaucoup d'oxygène et sert de refuge aux alevins. Il ne possède pas de système radiculaire développé, et peut donc être assimilé aux plantes nageantes.

Assurez-vous qu'il n'envahit pas plus de 30 % de la contenance de votre bassin, sous peine d'étouffer toute vie aquatique par une trop grande production nocturne de gaz carbonique.

Bon à savoir

Très envahissant, il doit être réservé aux grands bassins.

Associations

Avec les poissons qui y trouvent refuge !

Crassula recurva Gazon de fraie

Comme son nom l'indique, cette plante appartient à la famille des crassulacées. C'est donc une succulente aquatique ! Nommée gazon de fraie (ou crassette d'eau), c'est une plante oxygénante et sa chevelure très serrée et épaisse constitue un lieu de prédilection pour les poissons qui y fraient et s'y cachent.

FLORAISON

J	F	M	A	M	J
J	A	S	O	N	D

accepte la mi-ombre

-15 °C

5 à 10 cm / illimitée

Espèce conseillée

Le feuillage filiforme et charnu de *C. recurva* se répartit sur une tige épaisse et très ramifiée qui rappelle celle du chiendent. Il s'élève à 5 cm au-dessus de l'eau. En juin et juillet, de minuscules fleurs blanches apparaissent et se succèdent.

Comment le réussir ?

Installez-le sur les berges du bassin, à une profondeur comprise entre 10 et 30 cm, dans une terre enrichie de bon terreau pour plantes aquatiques. Il s'agglutine et s'enracine alors pour former un gazon épais.

3 pieds par m^2 suffisent généralement à former un petit tapis en peu de temps. Installez-le au soleil ou bien à mi-ombre.

S.O.S.

Attention : ne le laissez pas envahir votre bassin, car les échanges gazeux entre air et eau ne s'effectueraient plus et compromettraient la vie des autres locataires ! Il ne doit pas recouvrir plus de 50 % de la surface de votre pièce d'eau.

Associations

Avec des *Iris pseudacorus*, des lysichitons, etc.

Eichhornia crassipes Jacinthe d'eau

C'est une très bonne plante épurative (elle absorbe certains métaux dissous dans l'eau comme le cuivre et le chrome), mais elle est très envahissante et difficile à maîtriser. Réservez-la aux petits bassins, voire aux bassins de terrasse, pour la beauté de ses fleurs mauves.

FLORAISON

J	F	M	A	M	J
J	A	S	O	N	D

0 °C

30 cm / 45 cm

Espèce conseillée

E. crassipes fleurit de juin à septembre par temps chaud. Sa fleur en entonnoir, formée de six pétales, est bleu-mauve strié de violet et marquée de jaune au cœur. L'inflorescence s'élève à 20 cm au-dessus de l'eau. Les feuilles sont d'épaisses rosettes équipées de flotteurs, au cœur vert vernissé.

Comment la réussir ?

Elle aime les eaux calmes et dormantes. Ne la placez donc pas à proximité d'un jet d'eau. Posez-la seulement sur la surface de l'eau, elle se multipliera toute seule. En revanche, elle a besoin d'une eau riche en éléments nutritifs.

Et après ?

C'est une plante gélive qui a besoin de beaucoup de soleil et d'une eau chaude. L'hiver, mettez-la dans un local hors-gel à 15 °C et donnez-lui une dose d'engrais azoté par mois. À cause de cette contrainte, elle est souvent cultivée en annuelle.

Erreur courante

Il n'est pas habituel de rentrer à l'abri les plantes aquatiques. On oublie fréquemment de rentrer quelques pieds de jacinthe d'eau avant les premières gelées ! Elles pourrissent donc et coulent dans le bassin, contribuant à sa pollution.

Elodea canadensis Élodée du Canada

L'élodée, ou peste d'eau, est dotée de feuilles vert sombre en verticilles, trois par trois, serrées. Elle est totalement immergée. Ses vertus oxygénantes et filtrantes sont importantes, ce qui en fait une plante très utile, en particulier si vous possédez des poissons dans votre bassin qui y dissimuleront leurs œufs au moment du frai.

FLORAISON

J	F	M	A	M	J
J	A	S	O	N	D

accepte la mi-ombre

-15 °C

30 à 200 cm / illimitée

Espèce conseillée

E. canadensis fleurit de mai à août et produit des petites fleurs discrètes, sans pétale, flottantes, vert teinté de pourpre, portées par de longs pédoncules. Elle est rustique.

Comment la réussir ?

L'élodée supporte aussi bien les ruisseaux aux eaux tranquilles que les eaux calmes d'un bassin. Elle apprécie une exposition en plein soleil ou à la mi-ombre. Plantez-la sous 30 à 150 cm d'eau.

Et après ?

Pour contrôler son développement, installez-la dans un panier de plantation que vous immergerez. Rabattez régulièrement les tiges pendant l'été. À l'automne, et si votre bassin n'est pas profond, taillez-la et ne conservez que 30 cm de tige.

Bon à savoir

On ne l'appelle pas « peste » pour rien ! Elle est en effet de caractère envahissant, et il est nécessaire de la limiter tous les ans en retirant l'excédent avec un râteau ou une fourche à pierres.

Hippuris vulgaris Pesse d'eau

Ces plantes gracieuses, très oygénantes, ressemblent à de petits sapins vert foncé. Une partie de leur feuillage se développe au-dessus de l'eau tandis que l'autre partie est immergée. Dans un bassin profond, elle disparaît presque sous l'eau.

Espèce conseillée

H. vulgaris émet des tiges ressemblant à des écouvillons s'élevant de 40 à 80 cm au-dessus de l'eau. Des petites fleurs verdâtres apparaissent en mai, à l'aisselle des feuilles.

Comment la réussir ?

Elle se plante sous 10 cm d'eau, mais prospère aussi à plusieurs mètres de profondeur, à raison de 6 à 10 pieds au m^2, toujours en eaux calmes. Elle apprécie un sol argileux et humifère, mais supporte les sols calcaires. Elle est utile car elle oxygène l'eau. Supportant autant le soleil que l'ombre, elle offre une bonne résistance au froid. En conteneur, donnez-lui des éléments fertilisants à la sortie de l'hiver.

Et après ?

Elle se multiplie grâce à son rhizome rampant qu'il faut couper en tronçons.

Bon à savoir

Attention, c'est une plante envahissante. Isolez-la donc de préférence dans un conteneur que vous immergerez.

Associations

Avec la jacinthe d'eau au feuillage contrasté.

FLORAISON					
J	F	M	A	M	J
J	A	S	O	N	D

accepte l'ombre

-15 °C

30 à 80 cm au-dessus de l'eau / illimitée

Hydrocharis morsus-ranae Morène des grenouilles

Évoquant un petit nénuphar, la morène est une plante qui devient de plus en plus rare dans la nature, et qu'il faut éviter de cueillir pour préserver les sites.

Espèce conseillée

Les feuilles de *H. morsus-ranae* ressemblent à celles du nénuphar, mais elles sont plus petites et ne dépassent pas 7 cm de diamètre. C'est une plante qui flotte librement dans les eaux calmes, les feuilles faisant office de bouées qui retiennent le rhizome en suspension dans l'eau. Au début de l'été apparaissent des fleurs blanches à cœur jaune de 2 cm de diamètre.

Comment la réussir ?

Inutile de la planter, il suffit de déposer les jeunes plants à la surface du bassin, pour peu que l'eau soit chaude et non calcaire. Pour faciliter l'installation, attendez donc au moins la mi-mai, et n'allez pas au-delà de septembre.

Bon à savoir

Cette morène peut rapidement coloniser le bassin en se multipliant de manière végétative, si les conditions lui sont favorables. Il ne faut donc pas hésiter à aller à la pêche à l'épuisette de temps en temps…

Associations

Toutes les plantes du bassin !

FLORAISON					
J	F	M	A	M	J
J	A	S	O	N	D

-15 °C

10 cm / 60 cm

Hydrocotyle vulgaris Écuelle d'eau

L'écuelle d'eau est une plante vivace fréquente dans les marais et les prés humides. Hors d'eau, elle a un port rampant, et c'est de fait un très bon couvre-sol.

FLORAISON					
J	F	M	A	M	J
J	A	S	O	N	D

accepte la mi-ombre

-15 ° °C

jusqu'à 10 cm / illimité

Espèce conseillée

Les feuilles arrondies et crénelées de *H. vulgaris* font penser à celles d'un géranium. Elle émet de longues tiges traçantes, de 5 à 80 cm de long, qui la rendent envahissante. En été apparaissent des ombelles de petites fleurs rondes, insignifiantes, de couleur blanc verdâtre.

Comment la réussir ?

Elle préfère un sol humifère et humide, et les terrains vaseux. Attention, elle n'apprécie pas les sols calcaires ! Plantez-la donc dans une terre à tendance argileuse, ou immergée jusqu'à 30 cm de profondeur. Installez-la au soleil ou à mi-ombre, dans un panier pour limiter son extension. Elle est très rustique.

S.O.S.

Si l' écuelle d'eau sort du bassin, c'est normal ! Utilisez même cette faculté pour dissimuler les bordures en plastique du bassin, ou encore habiller les rochers d'une cascade ou d'un ruisseau.

Associations

Avec des plantes de berges aux tiges et feuilles fines et longues comme les iris, prêles, etc.

Lythrum salicaria Salicaire

La salicaire est une plante vivace qui affectionne les terrains humides. Son feuillage se réduit à de longues tiges dressées portant de petites feuilles étroites et sans pétioles.

FLORAISON					
J	F	M	A	M	J
J	A	S	O	N	D

accepte la mi-ombre

-15 °C

0,40 m à 1,50 m / 0,80 m

Espèces conseillées

L. salicaria développe de longs épis floraux rose pourpre de juin à septembre. *L. virgatum,* à fleurs rouges, est plus adaptée aux petits bassins grâce à une taille qui ne dépasse pas 60 cm. C'est une plante mellifère qui sait attirer libellules et papillons.

Comment la réussir ?

La salicaire est très facile à cultiver. Plantez-la en automne, sur le bord du bassin, voire dans l'eau à condition que sa souche ne soit pas immergée sous plus de 30 cm d'eau.

Et après ?

À l'automne, rabattez-la au ras du sol, afin que la souche produise de nouvelles tiges dès le printemps suivant.

Bon à savoir

Attention, cette plante se ressème abondamment ! Il faut donc en arracher tous les ans pour ne pas risquer l'envahissement.

Associations

La lysimaque et la pontédérie s'accordent bien avec elle.

Menyanthes trifoliata Trèfle d'eau

On l'appelle aussi ménianthe à trois feuilles. C'est une plante aquatique à semi-aquatique, aux rhizomes de plusieurs mètres de long. Elle peut flotter en surface de bassin, ou bien s'enraciner au fond dans la vase. Dans la nature, elle forme de grands tapis flottants. Ne la prélevez pas, car elle se raréfie.

FLORAISON					
J	F	M	A	M	J
J	A	S	O	N	D

-15 °C

50 cm / 1 m

Espèce conseillée

Les feuilles de *M. trifoliata* sont composées de trois folioles ovales vert clair de 3 à 6 cm de long, portées sur un pédoncule pourpre-brun. D'avril à juin apparaissent, entre 15 et 30 cm au-dessus de l'eau, des grappes bien droites de petites fleurs blanches à cinq pétales au bord frangé. Elles sont de courte durée et seule une exposition bien ensoleillée permet leur renouvellement.

Comment le réussir ?

Plantez-le au printemps. Immergez-le dans un panier ajouré entre 10 et 30 cm de profondeur, ou plantez-le directement sur les berges vaseuses et acides, à raison de 5 à 10 pieds au m^2. Il accepte aussi les eaux courantes d'un ruisseau.

Et après ?

Pour le multiplier, prélevez des tronçons de rhizomes d'une trentaine de centimètres en automne, et placez-les horizontalement dans un panier ajouré immobilisé dans l'eau peu profonde au bord du bassin.

Myriophyllum spp. Myriophylle

C'est une plante vivace oxygénante immergée favorisant le frai des poissons et leur servant de nourriture. Ses rameaux s'étalent sur 1,50 m. Ils sont souvent ligneux à la base et rampent hors de l'eau peu profonde. Ils portent un feuillage en verticilles qui se dresse en goupillons à 30 cm.

FLORAISON					
J	F	M	A	M	J
J	A	S	O	N	D

accepte la mi-ombre

-15 °C

0,50 m à 3 m / 1,50 m

Espèces conseillées

Optez pour une espèce rustique sous nos climats, comme *M. alterniflorum*, *spicatum* ou *verticillatum*. Les fleurs en épi sont vert-jaune, ou roses, portées à l'aisselle des feuilles, et apparaissent de juin à septembre.

Comment la réussir ?

Elle apprécie les rives vaseuses de faible profondeur, les eaux stagnantes et les expositions ensoleillées. Plantez-la dans un panier que vous remplirez d'un mélange de terre de jardin, sable et terreau aquatique à parts égales. Immergez-la à une profondeur de 20 à 250 cm d'eau.

Et après ?

Taillez-la régulièrement si vous possédez un petit bassin pour qu'elle ne s'étende pas trop.

Bon à savoir

Les algues ou les détritus présents dans l'eau peuvent étouffer les feuilles… et faire disparaître la myriophylle !

Association

Avec des plantes flottantes à feuilles larges pour jouer le contraste des feuillages.

Nasturtium officinale Cresson des fontaines

Ce cresson, ou cardamine des fontaines, se consomme en salade. C'est une plante aquatique vivace, fréquente dans les ruisseaux, près des sources, qui apparaît au printemps, en avril ou mai, dès que la température de l'eau dépasse 10 °C.

Espèce conseillée

N. officinale développe une tige rampante, de 2 m à 2,50 m, qui se redresse à l'extrémité. Ses feuilles légèrement charnues sont découpées en folioles arrondies ou ovales, la terminale plus grande que les autres. Elles ont une saveur piquante. Il constitue un bon couvre-sol en bord de pièce d'eau où il peut camoufler le plastique. Il peut même filer et flotter sur l'eau du bassin. Des petites fleurs blanches de 5 mm de diamètre apparaissent en petites grappes pendant tout l'été.

Comment le réussir ?

Plantez-le au printemps, en terre détrempée, voire boueuse, ou en panier ajouré à immerger sous 10 à 50 cm d'eau. Attention, il affection les eaux claires et bien oxygénées. Pensez à l'installer près d'une cascade ou dans un ruisseau sans trop de courant, en plein soleil.

FLORAISON					
J	F	M	A	M	J
J	A	S	O	N	D

-15 °C

20 à 90 cm / illimitée

Bon à savoir

On peut aussi semer le cresson au printemps, sur les bords du cours d'eau ou du bassin, dès que la température de l'eau dépasse 10 °C.

Association

Avec le lysichiton, l'iris des marais ou la pontédérie.

Nelumbo spp. Lotus

Ces belles plantes aquatiques parfumées, dont les fleurs rappellent celles des nénuphars, en plus imposant, vivent dans les eaux peu profondes et les bords vaseux des pièces d'eau. Leurs feuilles sont nageantes, mais s'élèvent parfois à plus de deux mètres au-dessus de la surface de l'eau.

Espèce conseillée

Le lotus d'Asie *(N. nucifera)*, dont les coloris varient du blanc au rose, est le plus spectaculaire. Ses tiges florales mesurent plus d'un mètre de haut. Les fleurs, de 20 cm de diamètre, émergent de juillet à septembre, et des fruits décoratifs en forme de pommes d'arrosoir leur succèdent.

Comment le réussir ?

Installez le lotus de mars à mai, sous 50 cm d'eau environ, et en plein soleil pour garantir la floraison. Ne plantez qu'un pied au m². Les rhizomes sont très fragiles et cassent comme du verre. Posez le rhizome horizontalement, sur un mélange de terre de jardin enrichie de 20 % de fumier décomposé.

Et après ?

Apportez-lui un engrais pour plantes à fleurs tous les deux

FLORAISON					
J	F	M	A	M	J
J	A	S	O	N	D

accepte la mi-ombre

0 °C

1,50 m

mois. Vous pouvez aussi choisir de rentrer les rhizomes l'hiver et de les stocker dans un local hors-gel.

Bon à savoir

N'associez pas lotus et nymphéas… Les nymphéas verraient à coup sûr leurs rhizomes étouffés par ceux du lotus.

Nuphar lutea Jaunet d'eau

Parfois appelé lis des étangs, ou plus souvent nénuphar jaune, c'est le nénuphar commun des eaux stagnantes, une plante enracinée dans le fond de l'eau.

FLORAISON

J	F	M	A	M	J
J	A	S	O	N	D

accepte la mi-ombre

-15 °C

10 cm / illimitée

Espèce conseillée

N. lutea porte de grandes feuilles rondes flottantes très couvrantes (d'environ 20 cm de diamètre) sur lesquelles les grenouilles aiment s'attarder. De juin à août, il se couvre de fleurs jaunes grosses comme un œuf, solitaires, en coupes et parfumées, qui gardent l'aspect de boutons semi-fermés. La tige florale mesure 10 à 20 cm de haut. Il est très rustique.

Comment le réussir ?

N'en installez que 1 à 3 au m². Il lui faut un sol riche en éléments fertilisants ; si vous n'avez pas de vase, plantez-le dans un panier de terreau aquatique. C'est une plante qui se développe à une profondeur comprise entre 30 cm et 2 m. Il supporte la mi-ombre, même s'il préfère le soleil.

Bon à savoir

Le rhizome est épais, vigoureux et traçant. C'est donc une plante très envahissante, à réserver aux grands bassins et aux étangs aux eaux calmes et pures. Même planté en bac, il faut le sortir tous les ans pour le diviser.

Associations

Avec d'autres plantes flottantes, mais à petites feuilles.

Nymphaea spp. Nénuphar

Seuls les nymphéas rustiques, ou roses des eaux, supportent nos climats. Ils disparaissent de la surface de l'eau en hiver, mais réapparaissent au printemps. Ces plantes disposent d'un fort rhizome traçant, qui peut doubler leur surface en trois ou quatre ans.

FLORAISON

J	F	M	A	M	J
J	A	S	O	N	D

accepte la mi-ombre

-15 °C

60 cm / 1 m

Variétés conseillées

Choisissez des variétés qui supportent d'être plantées à moins de 50 cm de profondeur ('Graziella', et 'Chrysantha' chez les jaunes, 'Château le Rouge', et 'Froebelli' chez les rouges, 'Princess Elisabeth' chez les roses, et 'Caroliniana Nivea' chez les blancs), elles fleurissent plus facilement. Les larges feuilles sont flottantes. Les fleurs, aux couleurs variées, ont la particularité de s'ouvrir avant le lever du soleil et de se fermer avant son coucher.

Comment les réussir ?

Installez-les de mars à octobre, en eau calme, sans jet d'eau ni cascade à proximité, dans un panier de 40 cm de côté, garni de terre lourde de jardin. Il leur faut impérativement un ensoleillement de six heures par jour. Enfoncez le rhizome verticalement dans la terre, jusqu'au collet.

Et après ?

Durant l'hiver, descendez les paniers dans la zone la plus profonde du bassin. Pour rajeunir vos pieds en panier, divisez les souches tous les trois ans environ, au printemps.

Bon à savoir

Si vos nymphéas ne fleurissent pas, c'est sans doute qu'ils ont faim ! Au printemps, nourrissez-les en leur apportant un engrais pour plantes à fleurs. Optez pour les cubes à libération lente, à enfoncer dans la terre, au pied de la plante.

Phalaris arundinacea Ruban de bergère

Le ruban de bergère, ou baldingère, est une graminée décorative que l'on rencontre fréquemment au bord de nos étangs. Ses feuilles persistantes, qui ne dépassent pas 2 cm de large, forment une touffe dense de 2 m environ de haut. C'est une plante qui résiste bien aux affres de nos climats.

FLORAISON					
J	F	M	A	M	J
J	A	S	O	N	D

-15 °C

0,80 à 2 m / illimitée

Variétés conseillées

Les variétés à feuillage panaché comme 'Picta' sont plus lumineuses. Entre l'été et l'automne, la plante produit des inflorescences violettes qui se transforment vite en graines appréciées des oiseaux aquatiques.

Comment la réussir ?

Pour un effet spectaculaire, plantez le ruban de bergère par groupes, à raison de 10 à 15 plants au m^2. Il est aussi facile de le cultiver immergé que sur la rive, même sèche en été. Il suffit de diviser la souche pour la multiplier à l'envi.

Bon à savoir

Son rhizome traçant en fait une plante redoutablement envahissante ! Il est donc conseillé de la cultiver en bac pour mieux contrôler son développement.

Associations

Mariez-le avec des hostas, des astilbes, des darméras.

Pistia stratiotes Laitue d'eau

Cette plante flottante, qui a besoin de beaucoup de chaleur, ressemble à une laitue ou à un chou flottant.

accepte la mi-ombre

10 °C

10 cm / illimitée

Espèce conseillée

Très bénéfique, *P. stratiotes* purifie, oxygène et clarifie l'eau grâce à ses racines, qui servent de support de ponte aux poissons, et où les alevins aiment à se réfugier. Mais elle est également très envahissante. Ses feuilles réunies en rosettes sont vert glauque et charnues.

Comment la réussir ?

La laitue d'eau aime une eau chaude, calme et riche en éléments nutritifs. Pour l'installer, il suffit de la laisser flotter sur 10 à 40 cm d'eau. Elle absorbe ses nutriments directement dans l'eau par son système radiculaire flottant très efficace. Elle apprécie une exposition plein soleil, ou la mi-ombre, à condition que la chaleur avoisine les 30 °C.

S.O.S.

Si les laitues d'eau semblent pourries, c'est qu'elles ont sans doute gelé. Cultivez cette plante gélive en annuelle car elle a besoin, en hiver, d'une température supérieure à 10 °C. Si vous faites hiverner votre plante dans un local à température douce, dès septembre, attendez la seconde moitié du mois de mai avant de l'installer dans votre bassin de plein air.

Associations

Jouez avec les formes en l'associant à des plantes à petites feuilles comme l'écuelle d'eau.

Pontederia cordata Pontédérie

La pontédérie est une robuste plante vivace aux feuilles vert clair en forme de cœur, portées au bout d'une tige dressée. La souche épaisse se compose de touffes de feuilles lancéolées.

Espèce conseillée

P. cordata produit en été, au sommet de hampes de 25 à 35 cm, des inflorescences en épi de 10 cm bleu-violet, dégarnies au sommet et nichées à l'intérieur de la bractée d'une feuille. Ces fleurs n'apparaissent que par temps sec et très ensoleillé. Il existe une variété 'Alba', avec des épis blancs.

Comment la réussir ?

Elle se plaît en eaux peu ou moyennement profondes, de 15 à 40 cm sous la surface. Plantez sa grosse racine rampante en plein soleil, dans une terre riche et limoneuse. Comptez 6 pieds au m². Elle résiste à une température de – 10 °C, mais supporte mal les fortes gelées sur une longue période.

Et après

Elle apprécie un apport d'engrais à chaque printemps. Rempotez-la au bout de trois ans pour renouveler le substrat si elle est cultivée en conteneur. Pour la multiplier, divisez la souche en mai, en pleine végétation.

Bon à savoir

Si l'été est frais, avec le ciel souvent couvert, il se peut que les épis ne s'épanouissent pas. Rien de grave, mais vous devrez attendre l'année suivante.

Association

Avec des plantes érigées comme la prêle ou les roseaux.

FLORAISON					
J	F	M	A	M	J
J	A	S	O	N	D

accepte la mi-ombre

-10 °C

1 m / 60 cm

Potamogeton spp. Potamot

Cette plante vivace rustique que l'on trouve sur les berges comme en eau profonde porte de longues tiges pouvant atteindre 5 m. Les feuilles, étroites, presque transparentes, submergées ou flottantes, abritent alevins et escargots.

Espèce conseillée

P. natans tolère mieux les eaux polluées que les autres espèces. Les feuilles mesurent 10 cm de long. Leur forme varie en fonction de la profondeur de l'eau et de son agitation. En été, de petites fleurs cramoisi et crème, mais insignifiantes, apparaissent au-dessus de l'eau.

Comment le réussir ?

La plante pousse vite quand elle est enracinée dans un sol boueux et riche en sels minéraux. Elle possède en effet des rhizomes traçants qui lui permettent de s'étaler rapidement dans ce type de terrain. Elle aime les eaux stagnantes ou lentes et ombragées, même si elle supporte le soleil. Plantez-la à une profondeur de 10 à 40 cm.

Et après ?

L'hiver, elle forme des bourgeons qui tombent au fond de l'eau et donnent de nouvelles plantes au printemps. Rabattez fréquemment les touffes et éclaircissez-les pour limiter leur extension un peu anarchique.

Bon à savoir

Il est difficile de sortir le potamot de l'eau, car il supporte mal les transports. Il est donc délicat à commercialiser.

FLORAISON					
J	F	M	A	M	J
J	A	S	O	N	D

accepte la mi-ombre

-15 °C

10 cm / illimitée

Ranunculus spp. Renoncule

Les renoncules poussent en bordure de rive ou sous l'eau, stagnante ou vive. Elles sont rustiques. Ce sont des plantes oxygénantes, à retenir notamment si vous ménagez un ruisseau dans votre jardin.

FLORAISON					
J	F	M	A	M	J
J	A	S	O	N	D

accepte la mi-ombre

-15 °C

30 cm / illimitée

Espèce conseillée

En petits bassins, préférez *R. flammula*, à planter sous 20 cm d'eau. Le feuillage se réduit à de longues lanières immergées. Quelques feuilles flottantes arrondies, à 3 à 5 lobes marqués, rappellent les renoncules des champs. De mai à septembre s'épanouissent des fleurs souvent jaunes.

Comment les réussir ?

Elles poussent en terrains très humides mais riches, et certaines espèces acceptent l'immersion jusqu'à 80 cm de profondeur. La croissance des renoncules est plutôt rapide, et il faut les surveiller pour qu'elles ne risquent pas de nuire aux plantes voisines.

Bon à savoir

Le contact avec la sève peut provoquer des irritations cutanées. Portez des gants pour manipuler les renoncules.

Associations

Avec des plantes flottantes à feuilles larges comme les nymphéas.

Sagittaria sagittifolia Sagittaire

Parfois appelée flèche d'eau en raison de la forme de ses feuilles, on la trouve dans les eaux peu profondes des rivières et des lacs. En eau profonde, ses feuilles deviennent flottantes ou bien immergées et rubanées. La plante se propage dans les eaux calmes grâce à ses rhizomes.

FLORAISON					
J	F	M	A	M	J
J	A	S	O	N	D

-15 °C

30 à 50 cm / 30 cm

Espèces conseillées

Les fleurs en coupe et à trois pétales de *S. sagittifolia* sont regroupées par trois. Les fleurs mâles sont violacées, alors que les femelles sont blanches. Elles sont portées en été par des hampes de 0,50 à 0,80 m de haut. 'Flore Pleno' est à fleurs doubles. L'espèce *S. latifolia*, moins envahissante, est recommandée pour un petit bassin.

Comment la réussir ?

La sagittaire aime les expositions ensoleillées et les sols riches. Plantez-la dans un grand panier ajouré à faible profondeur, 20 cm au maximum, garni de terreau aquatique enrichi avec un engrais pour plantes fleuries à libération lente.

Et après ?

Elle résiste bien au gel. Pour la multiplier, séparez les stolons ou bien récoltez les petits tubercules dans la vase, au printemps, et replantez-les.

S.O.S.

Les canards plongent sous les sagittaires… pour manger leurs tubercules. D'où l'intérêt de planter en panier fermé.

Associations

Avec des plantes de berges : iris, cypérus, roseaux.

Salvinia spp. Salvinie

Cette plante est en fait une fougère aquatique flottante, ou plus exactement nageante. Elle est très utile car elle diffuse de l'oxygène dans l'eau et sert d'abri aux alevins. C'est une annuelle gélive qui meurt avec l'arrivée de l'hiver, mais après avoir dispersé ses spores dans l'eau pour assurer la génération suivante.

accepte la mi-ombre

0 °C

2 cm / illimitée

Espèce conseillée

S. natans forme d'originaux chapelets de trois feuilles : l'une, de 2 à 7 cm de long, joue le rôle de racine et sert à capturer les éléments nutritifs de l'eau ; les deux autres, ovales, de 2 cm de long, flottent en surface. Le revers des feuilles porte des soies brunes et brillantes.

Comment la réussir ?

Elle aime les eaux dormantes ou peu agitées. Il lui faut un minimum de 10 °C et une exposition en plein soleil. Il suffit de la laisser flotter.

Bon à savoir

Attention, elle est très envahissante, car elle se multiplie rapidement dès le début de l'été. Il faut donc la surveiller et limiter son invasion en l'éclaircissant souvent en la pêchant à l'épuisette.

Association

Mélangez-la à des plantes érigées auxquelles elle s'accroche par ses feuilles.

Scirpus spp. Scirpe

Ses tiges creuses et souples mais néanmoins solides servaient autrefois à joindre les tonneaux et pailler les chaises. On l'appelait d'ailleurs « jonc des chaisiers ». Ce nom est aujourd'hui resté pour qualifier tous les scirpes.

FLORAISON

J	F	M	A	M	J
J	A	S	O	N	D

-15 °C

1,50 à 2 m / illimitée

Variétés conseillées

Les tiges de *S. lacustris* sont rondes, fines et dépourvues de feuilles. Certaines variétés ont les chaumes plus ou moins dorés, parfois striés, ce qui fait tout leur charme, comme *S. l. tabernaemontani* 'Zebrinus'. Autre particularité, les scirpes portent, entre juin et septembre, des inflorescences brunes très originales.

Comment le réussir ?

Le scirpe se plaît en toutes terres, de préférence argileuses. Plantez les rhizomes au printemps, sur les berges immergées et en plein soleil. Il accepte une immersion à 25 cm.

Et après ?

Si vous souhaitez profiter des chaumes tout l'hiver, rabattez la touffe à ras à l'automne ou bien au début du printemps pour provoquer le départ de nouvelles tiges. Attention, comme bon nombre de plantes de berge, il peut devenir envahissant dans un petit bassin. Cultivez-le de préférence dans un conteneur pour mieux le contrôler.

Bon à savoir

Planté en pleine terre, le scirpe est sans pareil pour retenir les berges qui s'effondrent.

Thalia dealbata Thalia

Voici une jolie plante vivace à la silhouette gracieuse, dont les fleurs sont si hautes au-dessus du feuillage qu'on les prendrait volontiers pour des insectes…

FLORAISON					
J	F	M	A	M	J
J	A	S	O	N	D

0 °C

1 à 1,80 m / 0,30 m

Espèce conseillée

T. dealbata développe de grandes feuilles ovales vert tirant sur le bleu, sur de longues tiges dressées portant à leur extrémité un épi de fleurs violettes.

Comment le réussir ?

Plantez le thalia dans une terre riche comprenant de la terre de jardin et du terreau aquatique à parts égales. Il n'est pas envahissant et peut donc être installé directement dans le bassin. Choisissez la profondeur en fonction de la rigueur des hivers de sa région.

Et après ?

Pour le multiplier, prélevez des rejets autour de la souche, au printemps, et plantez-les immédiatement.

Bon à savoir

Le thalia est une plante subtropicale. Elle craint donc nos hivers. Pour la retrouver tous les ans, il faut impérativement la cultiver dans un panier placé au-dessous du niveau de prise en glace du bassin, ou encore l'extraire du bassin et le rentrer dans un local hors-gel pendant la mauvaise saison.

Utricularia vulgaris Utriculaire

Il s'agit d'une plante aquatique… carnivore ! Flottante et nageante, elle se nourrit essentiellement des daphnies et cyclopes qu'elle trouve dans l'eau. Il faut la considérer comme une plante plus utile que décorative.

FLORAISON					
J	F	M	A	M	J
J	A	S	O	N	D

-15 °C

15 à 70 cm / illimitée

Espèce conseillée

Le millefeuille des marais, autre nom de *U. vulgaris*, produit des petites fleurs jaunes ou blanches perchées au bout d'une tige florale émergée, d'une vingtaine de centimètres de haut. Elle est pourvue de ventricules, souvent confondus avec des flotteurs, qui lui servent de pièges à insectes aquatiques. Au cours de l'automne, le feuillage se referme sur lui-même et forme un réceptacle qui tombe au fond de l'eau.

Comment la réussir ?

Il suffit de la poser sur l'eau et de la laisser flotter, de préférence en eau calme, chaude et peu calcaire. Une eau riche en insectes est un plus. Une exposition ensoleillée lui sera favorable pour entretenir la température de l'eau.

Bon à savoir

Par sa capacité à piéger les petits insectes, l'utriculaire contribue à limiter le nombre de larves de moustiques dans votre bassin !

Associations

Avec toutes les plantes aquatiques d'eaux calmes et les nymphéas.

Zizania latifolia Riz indien

Le riz indien, ou riz sauvage, est une graminée utile près d'un bassin. Non seulement ses graines sont consommées par les poissons, mais les oiseaux qui nichent sur un bassin utilisent ses feuilles solides pour fabriquer leur nid !

FLORAISON					
J	F	M	A	M	J
J	A	S	O	N	D

-15 °C

1,50 à 2 m / 40 cm

Espèce conseillée

Z. latifolia ressemble à une touffe d'herbes caduques, avec des feuilles vertes en ruban, décoratives de mai à septembre, dont la pointe fléchit un peu. En automne, la végétation jaunit.

Comment le réussir ?

Plantez le riz sauvage dans un sol riche ou directement dans du terreau pour plantes aquatiques, à raison de 2 plants au m^2. Utilisez un panier ajouré pour pouvoir descendre la plante en hiver sous le niveau de prise en glace du bassin, et ainsi protéger la souche du gel. Pour croître, elle a juste besoin d'être immergée sous 10 à 80 cm d'eau.

Et après ?

Coupez à ras les chaumes fanés juste après les dernières gelées printanières.

Bon à savoir

Le riz sauvage est aussi utilisé pour le lagunage, autrement dit la filtration des eaux usées par les plantes. Il aurait une valeur épuratrice de 70 %.

Le Catalogue

Les meilleures plantes de terrains humides

DES 25 PLANTES DE BERGE

Aruncus dioicus Barbe-de-bouc

Aussi surprenant que cela puisse paraître, la barbe-de-bouc est de la même famille que le rosier ! C'est pourtant une plante vivace de rives de pièces d'eau, dont le feuillage finement découpé forme un large buisson. Cette plante rustique ne demande pas de protection particulière.

Variété conseillée

Sachez qu'il y a des pieds mâles et des pieds femelles. Les premiers ont des fleurs blanc crème, les secondes, des fleurs verdâtres. Dans les petits bassins, préférez la variété 'Kneiffii', moins vigoureuse et au feuillage plus fin.

Comment la réussir ?

C'est une plante d'ombre qui ne supporte le soleil que si le terrain reste humide en permanence, mais jamais immergé. Plantez-la donc en automne ou au printemps, directement au bord du bassin, après avoir enrichi la terre de fumier bien décomposé.

Et après ?

Supprimez les fleurs fanées des pieds femelles au fur et à mesure pour éviter qu'elle ne se ressème toute seule.

Bon à savoir

Attention, les hampes florales sont fragiles. Évitez-leur les courants d'air et les emplacements proches des lieux de passage, où elles risqueraient de se coucher ou de se rompre.

Associations

Avec des astilbes, des rodgersias, des renouées.

FLORAISON

J	F	M	A	M	J
J	A	S	O	N	D

accepte l'ombre

-15 °C

1,50 à 2 m / 1,20 m

Astilbe spp. Astilbe

C'est une vivace bien rustique qui développe des feuilles très découpées au-dessus desquelles explosent des panicules plumeuses blanches, roses ou fuchsia d'une trentaine de centimètres de long, belles de juin à septembre.

Variétés conseillées

Selon les espèces, les astilbes mesurent entre 30 cm et 1,20 m. La plus haute espèce est *A. thunbergii*, qui atteint 1 m de haut. Parmi les variétés à feuillage décoratif, 'Dunkellachs' possède un feuillage cuivre, des fleurs rose saumon et mesure 30 cm de haut. 'Aphrodite' a des fleurs rouge clair sur un feuillage bronze et atteint entre 40 et 50 cm de haut.

Comment la réussir ?

Plantez l'astilbe entre octobre et mars. La plante aime être installée à la mi-ombre, mais elle apprécie aussi le soleil si le sol est frais en permanence. Elle ne supporte pas bien le calcaire, préférant les terres acides, et surtout riches.

Et après ?

En automne, rabattez feuillage et hampe florale, puis épandez du compost sur les racines superficielles. Elle forme rapidement un couvre-sol, en particulier *A. pumila*, dont les rhizomes sont traçants.

Bon à savoir

Les fleurs ont goût de miel. Certains égrainent les fleurs sur les salades pour les parfumer.

Associations

Avec des hostas.

FLORAISON

J	F	M	A	M	J
J	A	S	O	N	D

-15 °C

0,30 à 1,50 m / 0,50 m

Butomus umbellatus Jonc fleuri

On le trouve parfois sous l'appellation « butome en ombelle ». C'est une plante vivace à rhizome qui produit des feuilles linéaires, fines et coupantes, vert bronze, presque brunes, qui peuvent atteindre 1 m et plus de hauteur.

FLORAISON

J	F	M	A	M	J
J	A	S	O	N	D

-15 °C

0,50 m à 1,50 m / 0,20 m

Espèce conseillée

À partir de juin, les fleurs apparaissent sous forme d'ombelles rondes d'une dizaine de centimètres de diamètre, au-dessus du feuillage. Chaque ombelle comporte de nombreuses petites fleurs rose pâle aux pétales incurvés, à l'extrémité de pédoncules rigides. Elles sont parfumées.

Comment le réussir ?

Plantez le jonc fleuri au printemps, en terrain profond et riche en matière organique, très humide, à raison de 12 pieds au m^2. Il accepte d'être immergé sous 10 à 30 cm d'eau et s'y développe d'ailleurs beaucoup mieux.

Et après ?

Pour conserver son abondante floraison, vous devrez diviser la touffe chaque année en février, pendant la période de repos, et renouveler le terreau. Profitez-en pour incorporer un engrais organique à libération lente au mélange, car le jonc fleuri est très gourmand. Il est très rustique.

Bon à savoir

Attention, il est très envahissant. Cultivez-le dans un pot pour limiter ses velléités.

Calla palustris Arum d'eau

On l'appelle aussi calla des marais ou anguine. Ses feuilles, en forme de cœur d'environ 10 cm de diamètre, sont portées par de longs pétioles dressés. Elles forment un tapis dense, qualité qui peut être retenue pour masquer la structure du bassin ou un appareillage quelconque.

FLORAISON

J	F	M	A	M	J
J	A	S	O	N	D

accepte la mi-ombre

-15 °C

15 à 45 cm / illimitée

Espèce conseillée

L'inflorescence de *C. palustris* évoque celle de l'arum d'Éthiopie : elle est formée de nombreuses petites fleurs vert-jaune formant un épi entouré d'une spathe blanche en forme d'entonnoir, mais plus petite que celle de l'arum.

Comment le réussir ?

Au printemps ou à l'automne, plantez 8 à 10 pieds au m^2 car sa vitesse d'installation est plutôt lente, en terrain détrempé, ou en panier immergé sous 15 cm d'eau.

Et après ?

Une fois installés, les arums d'eau sont très résistants au froid. Ils se multiplient facilement par division de souche en fin de printemps ou début d'été.

Bon à savoir

Après pollinisation, le plus souvent par les escargots, des fruits rouges apparaissent et restent décoratifs jusqu'au début de l'hiver. Cependant, ses fruits sont toxiques : attention aux jeunes enfants.

Associations

Avec des scirpes, des prêles, des iris des marais.

Caltha palustris Populage des marais

On l'appelle aussi souci d'eau. Il aime les sols humides et riches, et sa souche peut être immergée à une profondeur de 10 cm. Il possède de grandes feuilles arrondies vert foncé brillant, caduques, qui atteignent 15 cm de diamètre. Les tiges peuvent être dressées, rampantes ou radicantes.

FLORAISON					
J	F	M	A	M	J
J	A	S	O	N	D

accepte la mi-ombre

-15 °C

20 à 50 cm / 30 cm

Espèce conseillée

C. palustris est une vivace qui, selon les variétés, produit en mars-avril de nombreuses fleurs blanches ou jaunes de 4 cm de diamètre. Sa floraison précoce est donc recherchée. Il existe une variété à fleurs blanches, plus compacte et plus adaptée aux petits bassins : *C. palustris* 'Alba'.

Comment le réussir ?

Installez seulement 6 pieds au m², car il colonise rapidement une rive. Plantez-le dans du terreau aquatique, tout au bord de l'eau. Le plein soleil et la mi-ombre lui conviennent. Planté en pleine terre et exposé au soleil, il est sensible à l'oïdium. Il supporte bien le froid.

Erreur courante

Évitez de planter beaucoup de pieds dès la première année. Des fruits en formes de gousses succèdent en effet aux fleurs, avec de nombreuses graines qui se ressèment aux alentours. Limitez donc le nombre de plants pour ne pas être rapidement envahi.

Associations

Avec des grands rodgersias ou des astilbes.

Cyperus spp. Souchet

Cette plante exotique fait merveille dans les jardins aquatiques, en particulier de type mauresque. Elle est dotée de longs rhizomes noueux. Chaque tige dressée, raide, triangulaire, porte deux ou trois feuilles arquées d'environ 1 m de long : attention, elle supporte mal le vent fort.

FLORAISON					
J	F	M	A	M	J
J	A	S	O	N	D

accepte la mi-ombre en été

-5 °C

1 m à 1,50 m / 30 cm

Espèce conseillée

C. longus est le plus résistant aux températures basses. Son feuillage persistant vert foncé brillant retombe gracieusement.

Comment le réussir ?

Installez-le en bordure de point d'eau ou les pieds dans l'eau (sous 30 cm d'eau au maximum) et à mi-ombre. Il apprécie les terres profondes, riches en matière organique. Mélangez donc du terreau aquatique à votre terre de jardin. Il produit de juillet à octobre un bouquet de fleurs brunes sur des tiges de 80 cm à 1,20 m de haut.

Et après ?

Son système radiculaire très développé en fait un efficace fixeur de berges. Revers de la médaille, il peut devenir envahissant s'il apprécie les conditions de culture de votre bassin.

Erreur courante

Le souchet tolérera des températures descendant jusqu'à – 5 °C, ce qui n'est pas le cas du célèbre *C. papyrus* (papyrus du Nil), plus élégant et racé, mais qui présente la faiblesse d'être gélif.

Darmera peltata Darmera

Cette plante vivace possède un très beau feuillage rouille, décoratif de juin à décembre. Les feuilles, de plus de 30 cm de diamètre, peltées, arrondies, lobées et dentées, sont portées par des pétioles qui peuvent mesurer 2 m de long et qui rougissent à l'automne.

FLORAISON					
J	F	M	A	M	J
J	A	S	O	N	D

-15 °C

1,50 m / 1 m

Espèce conseillée
Les fleurs rose nacré, blanches ou rose vif de *D. peltata* apparaissent en avril et mai et sont groupées en ombelles.

Comment le réussir ?
Le sol doit être riche et un peu acide, mais n'a pas besoin d'être profond, car le rhizome blanc se développe à la surface du sol. Incorporez donc de la tourbe ou de la terre de bruyère à la terre des berges du bassin, et comptez 2 pieds au m². Le darmera a sa place en bordure de bassin ou dans un sol humide ou frais, voire en zone marécageuse. Installez-le sous un arbre ou un arbuste, car il apprécie la fraîcheur et la mi-ombre.

Et après ?
Il est lent à s'installer, mais finit par constituer un bon couvre-sol. La plante est rustique, et si elle gèle, elle repartira de la base.

Bon à savoir
Attention, les fleurs sont sensibles aux gelées printanières tardives. Il peut être judicieux de couvrir les plants avec un voile d'hivernage les nuits à risque…

Deschampsia cespitosa Canche gazonnante

Cette graminée commune dans les marais et les prairies humides produit des feuilles persistantes vertes, rugueuses et étroites. Elles forment une touffe dense d'où émergent de longues hampes florales qui peuvent atteindre 2 m. À leur sommet apparaissent en juin et juillet des plumets aux reflets argentés, légèrement retombants.

FLORAISON					
J	F	M	A	M	J
J	A	S	O	N	D

accepte l'ombre

-15 °C

2 m / 1,50 m

Variétés conseillées
En petits bassins, préférez des petites variétés comme 'Goldtau', qui ne dépasse pas 60 cm et dont les épis prennent une teinte jaune d'or. *Deschampsia* var. *vivipara* produit, à la place des graines, de jeunes plantules qui font ployer les tiges pour s'enraciner au sol.

Comment la réussir ?
Plantez la canche au printemps, dans une terre humide ou simplement fraîche, mais impérativement non calcaire. Sa floraison est plus généreuse au soleil, mais toujours en gardant les pieds au frais. Comptez 4 pieds au m².

Et après ?
Elle reste décorative en hiver, notamment les jours de givre, car ses chaumes desséchés ne se brisent pas sous les assauts du vent. Supprimez les inflorescences avant le démarrage de la végétation au printemps : vous pouvez les utiliser en bouquets secs.

Associations
Avec des rodgersias, des darmeras ou des gunneras.

Dracaena sanderiana Dragonnier de Sander

Cette plante aquatique évoque un petit palmier d'appartement, mais elle croît pourtant en ambiance humide.

accepte la mi-ombre

0 °C

40 à 60 cm / 50 cm

Espèce conseillée

D. sanderiana présente des feuilles marginées de jaune, arquées et en forme de lance, d'une vingtaine de centimètres de long pour 3 cm de large.

Comment le réussir ?

Plantez-le en terre humifère. Si nécessaire, enrichissez votre terre de jardin de terre de bruyère ou de tourbe. Il apprécie les terrains qui restent humides en permanence, et peut même se développer s'il est immergé sous 20 cm d'eau. Attention, il lui faut beaucoup de lumière, sinon il perd sa panachure et retrouve ses feuilles vertes originelles.

Et après ?

Il est facile à multiplier par bouturage de tiges d'environ 10 cm en fin de printemps ou en été.

Bon à savoir

Ce dragonnier est gélif. Il faut impérativement le cultiver en panier, et surtout le rentrer en hiver dans une pièce lumineuse maintenue entre 15 et 18 °C.

Associations

Avec des hostas, des nymphéas, des iris aquatiques.

Equisetum spp. Prêle

Également appelée queue-de-cheval, cette jolie plante possède un feuillage réduit à l'état d'une touffe de tiges creuses constituées de segments emboîtés les uns dans les autres. Les tiges peuvent atteindre 1 m de haut. Chaque segment est délimité par des gaines en anneaux. Les jeunes pousses sont vert clair.

accepte la mi-ombre

-5 °C

1,50 m / illimitée

Espèce conseillée

E. hyemale est persistante. Les différentes variétés supportent des températures minimales de – 5 à – 8 °C.

Comment la réussir ?

Elle aime les sols humides, acides ou marécageux. Elle supporte le soleil si son pied est planté dans quelques centimètres d'eau. Sinon, réservez-lui la mi-ombre. Installez-en 6 pieds au m^2. Sachant qu'elle peut devenir très envahissante par l'extension de ses rhizomes, il vaut mieux la planter en conteneur, dans un mélange de terre de jardin et de sable, ou avec un barrage de racines.

Bon à savoir

Elle peut être cultivée en pot à l'intérieur de la maison, mais il faut l'arroser souvent. L'espèce *E. hyemale* servait autrefois aux ébénistes à poncer le bois.

S.O.S.

En hiver, si vous cultivez la prêle en pot sur la terrasse, pensez à bien recouvrir la plante d'eau pour que la souche ne gèle pas.

Eriophorum spp. Linaigrette

On la trouve parfois sous le nom de jonc-à-coton, une appellation justifiée par les fruits de la linaigrette, entourés de longues soies blanches, formant des houppes caractéristiques du genre. Il s'agit d'une plante vivace à croissance lente, avec des feuilles souples formant une touffe dense.

FLORAISON					
J	F	M	A	M	J
J	A	S	O	N	D

accepte la mi-ombre

-15 °C

50 à 75 cm / 40 cm

Espèce conseillée

Au printemps, des inflorescences avec des étamines jaune vif apparaissent, avant de se transformer en fruits bruns. Si votre terre est calcaire, ne vous privez pas de cette plante de berge originale, et optez de préférence pour *E. latifolium*, la seule espèce acceptant un sol ou une eau calcaire.

Comment la réussir ?

Plantez la linaigrette au soleil ou à mi-ombre, dans une terre acide et humifère. Si nécessaire, incorporez de la tourbe et de la terre de bruyère à votre terre de jardin. Pour un effet visuel intéressant, comptez au moins 10 pieds au m^2.

Bon à savoir

La linaigrette accepte une immersion jusqu'à 30 cm de profondeur, lorsqu'elle est cultivée en panier.

Associations

Avec des hostas, des nymphéas ou autres plantes à feuilles larges.

Eupatorium cannabinum Eupatoire chanvrine

Il s'agit d'une plante vivace de grande taille pouvant atteindre 1,50 m de hauteur et d'envergure ! Ses feuilles vert tendre, d'une dizaine de centimètres de diamètre, contrastent avec leurs tiges rougeâtres, épaisses et dressées.

FLORAISON					
J	F	M	A	M	J
J	A	S	O	N	D

accepte la mi-ombre

-15 °C

1,50 m / 1,50 m

Espèce conseillée

E. cannabinum produit de juin à l'automne des fleurs réunies en boules aplaties de 6 à 8 cm de diamètre, rose foncé et blanc. Riches en nectar, elles attirent abeilles et papillons. La plante est rustique.

Comment la réussir ?

Plantez l'eupatoire dans un sol impérativement frais, voire détrempé. N'hésitez pas à enrichir la terre de la berge avec du fumier bien décomposé. Un seul pied au m^2 suffit.

Et après ?

Supprimez les fleurs fanées au fur et à mesure de leur apparition, et coupez les tiges hirsutes. Vous pouvez facilement diviser la souche au printemps après le démarrage de la végétation, mais, pour laisser le temps à la plante de s'épanouir, ne la divisez que tous les cinq ans.

S.O.S.

Limaces et escargots s'en prennent aux jeunes pousses : installez des appâts antilimaces.

Gunnera manicata Gunnère

Cette plante géante est très impressionnante par l'envergure de ses feuilles presque circulaires, qui atteignent jusqu'à 2 m de diamètre et lui confèrent un style exotique. Belles de mai à octobre, elles disparaissent en hiver.

FLORAISON

J	F	M	A	M	J
J	A	S	O	N	D

accepte l'ombre

-5 °C

2 m / 3 m

Espèce conseillée

G. manicata produit au début de l'été de grosses inflorescences brunes groupées en panicules qui se dressent jusqu'à 1,50 m de hauteur, suivies de fruits rouges. Le pétiole des feuilles est pourvu d'épines tendres. On l'appelle parfois rhubarbe du Brésil.

Comment la réussir ?

Réservez-lui une place de choix près d'un pont ou au détour d'une allée, car c'est un élément fort de votre décor. Mais ne la placez surtout pas en plein soleil. Très gourmande, elle aime les sols riches en humus et humides.

Et après ?

En hiver, recouvrez la souche d'un épais paillis végétal et aéré (paille ou fougère) pour la protéger du froid et du gel. Étalez ses propres feuilles mortes sur le paillis pour faire écran aux intempéries. Elle est sensible aux vents froids et desséchants.

Bon à savoir

La reprise n'est pas toujours facile après la plantation. N'achetez donc que des plants en conteneur, et attendez que la végétation soit bien démarrée, en mai, pour l'installer.

Houttuynia cordata Houttuynia

Toutes les parties de cette plante, si on les froisse, dégagent un fort parfum d'orange et de poivre. Cette vivace à feuillage caduc, tapissante, à racines traçantes touffues, est gélive.

FLORAISON

J	F	M	A	M	J
J	A	S	O	N	D

-0 °C

30 cm / illimitée

Variété conseillée

Ses tiges rouges sont dressées, ses feuilles sont en forme de cœur. Elle produit au printemps des petites fleurs vert jaunâtre en forme d'épis entourés de bractées blanches. 'Chameleon' est spécialement décorative car son feuillage est tricolore, panaché de rouge, de vert et de crème. Elle forme de belles potées et supporte très bien les sols secs. Elle est un peu moins envahissante que l'espèce type.

Comment le réussir ?

L'houttuynia se plaît en terrain humide mais aussi sous l'eau, à moins de 10 cm de profondeur. Il aime les sols riches, frais et humides, et préfère la mi-ombre où la coloration de son feuillage est plus belle. La terre de jardin lui convient très bien. Comptez 6 plants au m^2.

Et après ?

Son rhizome doit rester hors d'atteinte des gelées. Il est donc plus à l'abri hors de l'eau, surtout si on le couvre d'un paillage de tourbe ou de compost.

Bon à savoir

La coloration vive du feuillage peut « passer » au soleil de l'été. Mais la plante n'en souffre pas, et elle retrouve ses couleurs dès l'automne.

Associations

Avec des hostas, des astilbes, des renouées.

Iris pseudacorus Iris des marais

C'est l'iris type du bord des pièces d'eau, d'où son nom d'iris des marais. Parfois appelé « flambe d'eau », c'est le plus grand des iris aquatiques. C'est en effet une espèce vigoureuse avec des feuilles en forme d'épée pouvant former des touffes qui flirtent avec les deux mètres de hauteur, vert clair.

Variété conseillée

En mai et juin apparaissent des tiges ramifiées portant chacune quatre à douze fleurs de 4 à 10 cm de diamètre, jaunes avec des marques brunes à la base des pétales. Il existe une variété, 'Variegata', à feuilles jaunes rayées de blanc.

Comment le réussir ?

Très rustique, l'iris des marais apprécie les terres très humides (même légèrement calcaires) et accepte aussi de pousser immergé près des rives du bassin, à condition de ne pas être planté à plus de 10 cm de profondeur. Mettez-le en place de septembre à mars, dans un mélange de terre de jardin et de terre de bruyère à parts égales, en recouvrant le rhizome de 5 cm.

FLORAISON

J	F	M	A	M	J
J	A	S	O	N	D

-15 °C

1 à 2 m / illimitée

Bon à savoir

Près d'un petit bassin, cultivez de préférence l'iris des marais en panier, car cette espèce peut devenir envahissante.

Associations

Avec des astilbes, des hostas, des ligulaires.

Juncus spp. Jonc

Le monde des joncs est vaste, et il existe des espèces de toutes tailles. Ce sont tous des plantes vivaces rustiques qui se plaisent naturellement dans les endroits humides ou fréquemment inondés. Leurs tiges sont souvent cylindriques et dressées, des fruits bruns persistant tout l'été apparaissant aux extrémités.

Espèces conseillées

Pour un petit bassin, il faut retenir *J. effusus*, qui ne dépasse pas 60 cm, et sa variété 'Spiralis', aux étranges tiges en tire-bouchon. *J. ensifolius*, que l'on pourrait prendre pour un iris, atteint 40 cm.

Comment le réussir ?

Ce sont des plantes peu difficiles. Leur souche rampante est souvent utilisée pour le soutien des berges des étangs. Plantez les joncs entre avril et juillet, dans une terre acide mais légère. Au besoin, amendez-la avec du sable de Loire.

Et après ?

Pour mieux contrôler leur développement, n'hésitez pas à installer des barrières racinaires comme celles qui sont utilisées pour les racines de bambous. En automne, supprimez à la base les tiges jaunies ou abîmées.

FLORAISON

J	F	M	A	M	J
J	A	S	O	N	D

accepte la mi-ombre

-15 °C

40 à 60 cm / illimitée

Bon à savoir

Il faut bien réfléchir avant d'installer des joncs autour d'un bassin, car il est pratiquement impossible de se débarrasser de leur dense réseau de racines.

Associations

Avec des graminées, des roseaux, des scirpes.

Ligularia spp. Ligulaire

La ligulaire est une grande plante vivace dont la hauteur peut atteindre 1,80 m, voire 2 m ! Installée, elle forme une imposante touffe de feuilles cordiformes ou profondément découpées, selon les espèces.

Espèce conseillée

De juillet à septembre apparaissent chez *L. dentata* de grandes inflorescences ramifiées qui jaillissent au-dessus du feuillage. Les fleurs sont jaune d'or.

Comment la réussir ?

Plantez la ligulaire au printemps ou en automne, dans une terre profondément ameublie, riche en humus et impérativement toujours humide ! Très rustique, c'est la plante de rives par excellence. D'autant plus qu'elle ne supporte le soleil direct qu'avec les pieds dans l'eau.

Et après ?

Attention, elle forme rapidement une grosse souche, et il convient de lui laisser de la place dès la plantation. Un pied au m² est l'idéal, mais en allant jusqu'à trois, vous obtiendrez un bel effet dès la première année.

FLORAISON

J	F	M	A	M	J
J	A	S	O	N	D

accepte l'ombre

-15 °C

1,50 m / 1 m

Bon à savoir

En région ventée, il peut être nécessaire de tuteurer ses gigantesques inflorescences pour éviter qu'elles ne se couchent. Prévoyez enfin d'épandre des granulés antilimaces car les gastéropodes sont friands de cette plante.

Associations

Avec des astilbes, des barbes-de-bouc, des darmeras.

Lysichitum americanum Lysichiton

On l'appelle aussi faux calla. Apparaissant après la floraison, les feuilles, montées sur un court pétiole, sont grandes (jusqu'à 1,20 m), oblongues. Il fleurit en avril-mai.

Espèce conseillée

Entouré d'une spathe jaune vif, la fleur de *L. americanum* forme un épi verdâtre de 10 à 20 cm de haut qui s'élève à 60 à 80 cm de hauteur. *L. camtschatcensis* est doté d'une spathe de couleur blanche, et ses feuilles sont plus petites.

Comment le réussir ?

Il peut être planté dans la terre ou sous 10 cm d'eau. Il a besoin d'un sol riche et profond, à tendance acide, humide ou détrempé. Il apprécie une exposition ensoleillée.

Et après ?

Il est rustique, mais couvrez cependant sa souche d'un paillage au cours du premier hiver qui suit sa plantation.

S.O.S.

Ne plantez pas le lysichiton en pot : ses racines peuvent descendre jusqu'à 1 m de profondeur…

FLORAISON

J	F	M	A	M	J
J	A	S	O	N	D

accepte la mi-ombre

-15 °C

1,20 m / 0,60 m

Bon à savoir

En dépit de la beauté de la plante, les fleurs dégagent une odeur peu agréable. Il faut donc éviter de l'installer près d'un passage ou à proximité de la maison.

Lysimachia nummularia Lysimaque

Plante vivace couvre-sol très utile au bord d'un bassin ou sur les rives d'un cours d'eau. Ses tiges rampantes s'enracinent toutes seules, sans jamais dépasser 10 à 15 cm de hauteur. Elle peut éventuellement flotter sur l'eau.

Espèce conseillée

Les feuilles ovales arrondies vert clair de *L. nummularia* lui ont valu son nom d'herbe-aux-écus. À partir de mai et durant tout le début de l'été, la plante se couvre de fleurs jaune d'or brillant, en forme de coupes. 'Aurea' présente un feuillage plus jaune, pratique pour éclairer un espace trop ombragé.

Comment la réussir ?

Plantez la lysimaque à raison de 6 pieds au m^2, dans une terre humide, même argileuse, au pied d'arbustes où elle formera rapidement un tapis et donc un paillage qui retient bien la fraîcheur. Elle est rustique.

Et après ?

Elle est facile à propager par division de touffes au printemps, si vous souhaitez la répartir au jardin. Attention, quand elle se plaît, elle peut devenir envahissante. N'hésitez pas à la tailler pour limiter son expansion car elle pourrait finir par étouffer les plantes voisines.

Bon à savoir

Comme beaucoup de plantes de lieux humides, elle est appréciée des escargots et des limaces. Disposez des écuelles de bière sans alcool ou des granulés antilimaces.

FLORAISON

J	F	M	A	M	J
J	A	S	O	N	D

-15 °C

5 cm / illimitée

Miscanthus spp. Miscanthus

Les miscanthus sont de belles graminées, rustiques sous nos climats, et faciles à cultiver. Leur feuillage forme des touffes élégantes, de magnifiques inflorescences venant parachever le spectacle en automne.

Variétés conseillées

Autour d'un petit bassin, préférez les variétés de taille modeste comme *M. sinensis* 'Gracillimus', qui ne dépasse pas 2 m, *M. s.* 'Purpureus', dont le feuillage prend une couleur rouge à l'automne, et qui ne dépasse pas 1,50 m.

Comment les réussir ?

Ces graminées apprécient les sols riches et humides, surtout au printemps et en été. En hiver, en revanche, il est bon que leurs racines retrouvent une certaine sécheresse.

Et après ?

Au printemps, rabattez le feuillage fané au ras du sol pour provoquer et faciliter le départ des nouvelles feuilles.

Bon à savoir

L'installation des miscanthus peut être longue et il faut savoir attendre plusieurs années pour leur laisser le temps d'atteindre leur plein développement. Les miscanthus forment d'efficaces brise-vent.

FLORAISON

J	F	M	A	M	J
J	A	S	O	N	D

-15 °C

1 à 2 m / 0,50 m

Rodgersia spp. Rodgersia

C'est une plante vivace très volumineuse. Très vigoureuse, elle forme rapidement une imposante touffe de 2 m de haut sur autant de large.

Espèces conseillées

Les grandes feuilles découpées en sept folioles des rodgersias ressemblent à celles d'un marronnier. Elles sont vert bronze, avec les nervures bien marquées. Le soleil les fait brunir. Les fleurs apparaissent au début de l'été en grands épis gracieux qui émergent du feuillage. Elles sont blanc crème *(R. aesculifolia)*, jaunâtres ou roses (*R. pinnata* 'Superba').

Comment le réussir ?

Plantez le rodgersia en mars ou en avril, dans une terre sans calcaire, fraîche et riche en matière organique. Le sol humide en permanence des rives de bassin vous épargnera les fastidieux arrosages nécessaires pour entretenir la fraîcheur dont il a besoin pour prendre une belle ampleur.

Et après ?

Il est lent à s'installer, mais parfaitement rustique. Installez-le à mi-ombre, car ses feuilles grillent au soleil trop brûlant.

Supprimez les fleurs dès qu'elles sont fanées pour provoquer l'apparition de nouvelles hampes.

Bon à savoir

Attention, il faut l'abriter du vent qui, outre son côté asséchant, casse les hampes florales.

Associations

Avec des plantes érigées : prêle et iris des marais.

FLORAISON					
J	F	M	A	M	J
J	A	S	O	N	D

accepte la mi-ombre

-15 °C

2 m / 1,50 m

Salix spp. Saule

Les saules sont des arbres qui ont pour caractéristiques communes d'avoir des chatons décoratifs au printemps, d'être à feuillage caduc et de pousser rapidement. Ce dernier point est intéressant pour les nouveaux bassins.

Espèces conseillées

Le plus commun est le saule pleureur, *Salix babylonica*, mais sa grande taille le cantonne au bord de grandes pièces d'eau. Près d'un petit bassin, préférez le saule blanc : *S. alba* 'Britzensis'. Il ne dépasse pas 2 m et ses rameaux rouges sont superbes en hiver. Attention cependant au vent, qui peut casser les branches. Ses feuilles sont fines et étroites avec un pétiole court, vert dessus et argenté dessous, ce qui lui donne des reflets changeant au gré du vent.

Comment le réussir ?

Il aime les sols peu fertiles, humides mais bien drainés, non calcaires, et une exposition en plein soleil. Très rustique (il supporte jusqu'à – 25 °C), le saule croît en terres profondes et humides, et accepte même les périodes d'inondations temporaires. Plantez-le en hiver pendant la période de repos de la végétation.

Bon à savoir

Provoquez l'apparition des jeunes bois plus colorés en le taillant sévèrement chaque année et en retirant les branches les plus âgées. Pour profiter de ses rameaux et de son feuillage, choisissez un emplacement bien en vue.

FLORAISON					
J	F	M	A	M	J
J	A	S	O	N	D

-15 °C

3 m / 2 m

Taxodium distichum Cyprès chauve

Voici un conifère original à bien des égards. C'est en particulier l'un des rares à perdre son feuillage en hiver.

Espèce conseillée

Les aiguilles de *T. distichum* prennent à l'automne de superbes teintes de feu, avant de tomber avec les rameaux qui les portent, à l'apparition des premières gelées. Son écorce rougeâtre est également décorative, car elle se détache naturellement en lanières fibreuses.

Comment le réussir ?

Il exige un sol frais et accepte même de pousser en terrain périodiquement inondé. Dans ce cas, ses racines produisent de caractéristiques protubérances qui émergent de l'eau (les pneumatophores). Au jardin, installez-le derrière la pièce d'eau, à quelques mètres du rivage.

Et après ?

Le cyprès chauve craint le calcaire, et donc la sécheresse. Il préfère les étés chauds, car les fortes températures estivales sont nécessaires pour produire son fameux feuillage d'automne. Il ne craint pas le froid.

Erreur courante

Le cyprès chauve perd son feuillage au début de l'hiver. Il faut donc impérativement l'éloigner du bassin pour éviter cette importante pollution !

FLORAISON					
J	F	M	A	M	J
J	A	S	O	N	D

-15 °C

12 à 20 m / 5 à 8 m

Trollius europaeus Trolle d'Europe

On l'appelle parfois boule d'or, car il porte au-dessus des feuilles de grosses fleurs globuleuses jaunes ou orangées.

Espèce conseillée

Outre ses fleurs, *T. europaeus* arbore un feuillage décoratif, vert franc et finement découpé. Pour des petits bassins, pensez à *T. pumilus*, qui ne dépasse pas 15 cm.

Comment le réussir ?

Faciles à cultiver, les trolles poussent en toutes terres de jardin suffisamment humides. Un apport de terreau aquatique ou de tourbe en mélange à la terre de jardin favorise toutefois la floraison. Plantez les trolles au printemps si l'hiver est rude, ou à l'automne pour lui laisser le temps de s'installer avant l'année suivante.

Et après ?

Attention, pendant l'été, le sol doit être détrempé, voire inondé. Rasez le feuillage à l'automne.

Bon à savoir

Si vous rabattez les hampes florales juste au début de leur fanaison et que vous apportez de l'engrais soluble pour plantes fleuries, vous pouvez déclencher une remontée avant l'automne.

Associations

Avec des hostas, des darmeras et des iris des marais.

FLORAISON					
J	F	M	A	M	J
J	A	S	O	N	D

accepte la mi-ombre

-15 °C

40 à 80 cm / 50 cm

Zantedeschia aethiopica Arum d'Éthiopie

L'arum d'Éthiopie, parfois appelé calla, est une plante tubéreuse vivace par sa souche. En climat doux, elle garde en hiver ses feuilles vert foncé, vernissées et en fer de lance, mais elle les perd en régions froides.

FLORAISON					
J	F	M	A	M	J
J	A	S	O	N	D

-10 °C

1 m / 1 m

Espèce conseillée

Les fleurs de *Z. aethiopica* apparaissent au milieu de l'été, sous la forme traditionnelle d'une spathe blanche de 20 cm de long, enveloppant une fleur jaune en épi serré.

Comment le réussir ?

Plantez-le sur les berges d'une pièce d'eau, en enterrant le rhizome à 15 cm de profondeur et en respectant une distance d'au moins 40 cm avec les plantes voisines. Il demande une terre profonde et riche en matière organique. Vous pouvez aussi le planter dans l'eau. Dans ce cas, installez-le dans un panier ajouré rempli de terre humifère ou de terreau pour plantes aquatiques, immergé entre 10 et 30 cm.

Et après ?

Il fleurit davantage si on lui apporte un engrais pour plantes fleuries entre mai et juillet.

Bon à savoir

Si ces arums apprécient d'avoir les pieds dans l'eau, ils préfèrent passer l'hiver au sec. En cas de culture immergée en panier, il faut penser à les extraire et à recouvrir la souche de feuilles mortes ou de tourbe pour la protéger du froid. Ils résistent alors jusqu'à – 10 °C.

Associations

Avec des hostas, des nymphéas, des iris.

Le Catalogue

Faire vivre le bassin

DES POISSONS DE BASSINS

Acipenser ruthenus Esturgeon du Danube

Ce poisson original, qu'on appelle aussi sterlet, ressemble à un requin. Il est pourtant très pacifique et s'apprivoise facilement. Il bénéficie désormais d'une protection totale sur tout le territoire français.

Description

S'il mesure 20 cm à l'achat, il ne dépasse que rarement 50 cm en bassin. Son corps est dépourvu d'écailles et son squelette peu ossifié. Il a un corps allongé et pointu, une bouche ventrale qui s'allonge, une lèvre inférieure largement fendue, quatre courts barbillons sensoriels et une queue asymétrique. Il présente cinq rangées de larges écussons osseux (un sur le dos, deux sur les flancs et deux sur le ventre). Son dos est de couleur gris olive, son ventre blan, et ses nageoires légèrement brunâtres. Il peut atteindre 25 ans.

Mode de vie

Parmi tous les esturgeons, seul le sterlet reste dans les eaux douces et accepte de se passer d'un séjour en eau salée. On ne peut cependant pas le placer dans un bassin avec de trop petits poissons, car il est carnivore. Il supporte mal des températures supérieures à 24 °C et craint le manque d'oxygène. À partir de 21 °C, la présence d'un diffuseur d'air en plus d'une cascade ou d'une chute d'eau sont indispensables. Contrairement aux autres poissons, le sterlet ne dirige pas complètement l'eau à travers ses branchies. C'est pourquoi il est inlassablement en mouvement. De plus, il ne peut pas faire marche arrière. Il faut donc éviter que l'animal ne se mette dans un cul-de-sac, ou bien s'accroche dans la végétation. Sa reproduction a lieu de mai à juin. La femelle pond de 11 000 à 135 000 œufs sur les graviers. Après quatre à neuf jours, les alevins sortent pour se disperser à la recherche de nourriture.

Alimentation

Les esturgeons mangent toute l'année, contrairement aux autres poissons. Ils se nourrissent sur le fond du bassin de petits mollusques, crustacés et autres vers vivant dans la vase.

Nombre de poissons pour 1 m³ d'eau filtrée : 0,06

Surface minimale de bassin : 20 m²

Profondeur minimale souhaitable : 100 cm

Carassius auratus Poisson rouge

Le célèbre poisson rouge est très résistant puisqu'il supporte jusqu'à 0 °C en hiver, mais aussi les eaux chaudes et peu oxygénées en été. Il est donc l'hôte privilégié d'un bassin d'ornement.

Description

Les poissons rouges sont paisibles et grégaires. Le corps porte des écailles, alors que la tête en est toujours dépourvue. Ils gardent les mêmes écailles toute leur vie. Si l'une est perdue par accident, elle repoussera lentement. Ils possèdent une seule nageoire anale. La ligne latérale longe plus ou moins la colonne vertébrale, et est particulièrement bien visible sur les poissons rouges. Cette ligne est très importante, car elle permet aux poissons de ressentir les vibrations diffusées dans l'eau. C'est là le sens le plus développé des poissons. Ce poisson d'eau froide à croissance très rapide atteint en bassin une taille comprise entre 15 et 35 cm. Il apprécie une période froide durant laquelle il hiberne. Durée de vie : 8 à 12 ans.

Mode de vie

Ce poisson est un très bon nageur vivant en groupe. Le bocal rond n'est donc pas sa tasse de thé ! Il apprécie les eaux dormantes et peu profondes, envahies par la végétation.
Au printemps, il pond des milliers d'œufs sur les plantes. Ses larves sont transparentes et ne prennent une teinte rouge qu'au bout de six mois.

Alimentation

Le poisson rouge ne possède pas d'estomac comme la plupart des Cyprins. Il ne peut donc pas faire de réserves ; c'est pourquoi il est toujours à la recherche de nourriture, petits crustacés et insectes. Toutefois, ce n'est pas une raison pour le nourrir trop souvent. Omnivore, il a pour habitude de remuer la vase du fond des étangs pour y trouver sa nourriture, carnée et végétale. Il ne dit pas non aux lentilles d'eau ou aux plantes tendres comme l'élodée.

Nombre de poissons pour 1 m³ d'eau filtrée : 10

Surface minimale de bassin : 5 m²

Profondeur minimale souhaitable : 40 cm

Cyprinus carpio Carpe

C'est l'hôte de toutes les mares de France. C'est dire qu'elle est rustique et accepte les bassins à l'entretien négligé. Peut-être est-ce le poisson par lequel il faut commencer.

Description

La carpe présente un corps ovale et massif, comprimé sur les flancs. Sa tête est conique, sa bouche volumineuse avec quatre barbillons. Sa nageoire dorsale est plus longue que chez la plupart des poissons. Elle affiche un dos brun, des flancs mordorés et un ventre blanc. Il existe quatre types de carpes : écailleuse (recouverte de petites écailles), miroir (couverte de grandes écailles miroitantes), cuir (presque sans écailles), et carpe à rangs (à grosses écailles le long de la ligne latérale, et petites sur le dos). En bassin, elle atteint 40 à 80 cm de long pour 3 à 4 kg, et peut vivre 20 ans.

Mode de vie

Très résistante, la carpe supporte une eau pauvre en oxygène. Des pêcheurs racontent même qu'elle peut survivre plusieurs heures à l'air libre… De juin à juillet, la femelle dépose 300 000 œufs en eau tranquille et peu profonde, qui se collent aux plantes aquatiques. L'éclosion s'effectue en huit jours. La carpe grossit vite et peut dépasser un kilo en deux ans si elle a de quoi s'alimenter.

Alimentation

La carpe est omnivore et se nourrit de diptères, de vers, de petits mollusques, de graines, d'algues, de déchets végétaux… Elle consomme une importante quantité de plancton et de plantes aquatiques.

Nombre de poissons pour 1 m³ d'eau filtrée : 1

Surface minimale de bassin : 20 m²

Profondeur minimale souhaitable : 85 à 105 cm

Cyprinus carpio Carpe koï

Ce sont des poissons pacifiques, faciles à apprivoiser et venant manger dans la main de leur maître… Ils font payer cher leur originalité, et au prix d'achat il faut ajouter le coût d'entretien.

Description

Elle est le fruit de croisements répétés depuis des siècles au Japon, à partir de la carpe commune. Jeune, elle se distingue du poisson rouge par deux barbillons de part et d'autre de la lèvre supérieure. Adulte, elle devient beaucoup plus grosse et l'on ne peut la confondre. Ses couleurs sont très variées, et les formes, les combinaisons et l'emplacement des tâches constituent des « variétés » portant des noms précis. Si on a déjà vu des sujets de plus d'un mètre de long, elles atteignent 30 à 40 cm en bassin d'amateur. La carpe koï peut survivre à son « maître » en dépassant l'âge de 70 ans.

Mode de vie

Les carpes koï vivent en groupe, voire simplement en couple, mais jamais seules. Elles apprécient les eaux limpides, mais se satisfont d'eaux troubles, nutritives et riches en minéraux. Elles supportent un bassin sans filtration, mais ont alors besoin de cinq fois plus d'espace ! Les femelles déposent leur 300 000 œufs sur les plantes aquatiques. Elles sont faciles à apprivoiser et viennent manger dans la main de leur maître.

Alimentation

Les carpes koï sont omnivores, et elles avalent aussi bien des proies vivantes que des végétaux. Il est donc vivement conseillé de laisser les plantes du bassin s'installer pendant au moins un an avant d'introduire des carpes koï ! Comme il est aussi conseillé de les nourrir avec des produits spécifiques du commerce, pour éviter les dégâts au bassin…

Nombre de poissons pour 1 m³ d'eau filtrée : 1

Surface minimale de bassin : 25 m²

Profondeur minimale souhaitable : 40 à 60 cm

Gobio gobio Goujon

C'est un poisson d'une nature paisible, très agile et pouvant cohabiter avec des poissons d'eaux froides en faisant office de nettoyeur.

Description

C'est un petit poisson de 10 à 15 cm pour un poids de 20 à 30 g. Il présente un corps allongé, de section presque circulaire, avec une bouche pourvue de deux barbillons. Ses nageoires pectorales sont bien développées et sa queue est à bord postérieur échancré. Il a le dos brun foncé, plus clair sur les côtés, avec les flancs brun jaunâtre à reflets dorés ou argentés. Les nageoires sont tachetées de noir.

Mode de vie

Le goujon est un poisson grégaire qui aime vivre en bande de plusieurs dizaines… Il préfère les eaux claires à fond sableux, et pas trop froides. Il reste généralement au fond où il cherche sa nourriture – vers, larves, gastéropodes. Sensible à la pollution, il a besoin d'une eau filtrée et bien oxygénée. La ponte a lieu à la fin du printemps. La femelle dépose environ 1 000 œufs de 2 mm sur le sable ou les graviers.

Alimentation

Poisson fouisseur, doté d'une bouche qui s'étire vers l'avant et de deux barbillons pour détecter ses proies sur le fond. Il est friand de petits vers, de larves, de petits mollusques et de débris organiques divers, ce qui lui vaut cette réputation de nettoyeur.

Nombre de poissons pour 1 m^3 d'eau filtrée : 15

Surface minimale de bassin : 9 m^2

Profondeur minimale souhaitable : 85 à 105 cm

Lepomis gibbosus Perche soleil

Avec ses couleurs chatoyantes, elle enchante les bassins où l'eau est limpide.

Description

Son corps massif avec le dos bossu contribuent à lui donner cet aspect impressionnant pour ses congénères. Elle est couverte de grandes écailles, et sa nageoire dorsale antérieure épineuse rappelle à l'imprudent qu'il vaut mieux l'attraper à l'épuisette ! Décorative toute l'année, la perche soleil arbore des couleurs vert et jaune, zébrées des bandes transversales brunes. En bassin, elle atteint 15 à 25 cm pour un poids de 200 g environ. Comptez un mâle pour deux ou trois femelles, sachant que la perche peut vivre 10 à 15 ans.

Mode de vie

La perche mène une existence solitaire. Mâles et femelles ne se rencontrent qu'au printemps pour se reproduire. Le frai a lieu d'avril à juin, en eau peu profonde et dès que sa température dépasse 10 °C. La femelle enroule 200 000 œufs autour des plantes et des pierres, et c'est le mâle qui les garde jusqu'à l'éclosion qui s'effectue au bout de vingt jours. La croissance de la perche est lente en petits bassins si elle manque de nourriture.

Alimentation

Carnivore, la perche se nourrit de larves d'insectes, d'alevins, de têtards, de grenouilles et d'œufs de poissons. Elle contribue ainsi à l'équilibre du bassin en évitant toute surpopulation.

Nombre de poissons pour 1 m^3 d'eau filtrée : 6

Surface minimale de bassin : 20 m^2

Profondeur minimale souhaitable : 65 à 85 cm

Leucaspius delineatus Able de Heckel

Parfois confondu avec l'ablette, il est un peu plus grand et surtout bien plus spectaculaire lors des journées ensoleillées.

Description

L'able est un poisson de 5 à 12 cm de long, présentant un corps allongé et comprimé latéralement. Le bord postérieur de sa queue est très échancré. Il a le dos brun olive, alors que ses flancs à reflets bleutés sont traversés par une bande longitudinale bleuâtre. Le ventre est argenté. Il produit donc des reflets au soleil lors de ses changements de direction.

Mode de vie

L'able apprécie les eaux claires et bien oxygénées des pièces d'eaux calmes où l'on trouve énormément de végétation. Il vit toujours en groupe et il faut en introduire au moins cinq à la fois dans un bassin. De mai à juillet, en eau peu profonde et à proximité des rives, la femelle fixe ses œufs en anneaux ou en spirales, sur les tiges de la végétation aquatique. L'éclosion a lieu dix à douze jours plus tard.

Alimentation

L'able se nourrit de végétaux de petite taille et d'organismes microscopiques végétaux et animaux. D'où l'intérêt de l'introduire dans un bassin bien fourni, pour ne pas risquer des dégâts importants.

Nombre de poissons pour 1 m³ d'eau filtrée : 20

Surface minimale de bassin : 15 m²

Profondeur minimale souhaitable : 85 à 105 cm

Leuciscus idus orfus Ide mélanote dorée

On l'appelle parfois orfe dorée. C'est un poisson au dos orange vif très décoratif.

Description

L'ide mélanote est élancée et mince. Elle est de couleur rouge-orangé avec parfois des points noirs sur le dos, avec les flancs brun jaunâtre aux reflets dorés ou argentés. Son ventre est blanc. La queue est nettement échancrée, alors que les nageoires ventrales et anales sont rose-orangé. Elle peut atteindre une longueur de 30 à 50 cm pour un poids de 200 à 500 g. Ce gros poisson peut vivre 15 à 20 ans.

Mode de vie

L'ide apprécie les eaux profondes et bien oxygénées, même si elle passe la majeure partie de son temps en surface. Elle vit en banc, et il faut donc prévoir d'introduire au minimum cinq individus pour qu'ils se sentent bien. De nature pacifique, c'est un compagnon idéal pour les autres poissons.

La croissance jusqu'à la maturité sexuelle est lente, soit environ 5 à 7 ans. La femelle pond alors de 40 000 à 100 000 œufs. En période de reproduction, au printemps, dès que la température de l'eau atteint 18 °C, le mâle porte des « boutons de noces » (points blanchâtres sur la tête).

Alimentation

Jeune, elle est omnivore, mais adulte, elle devient exclusivement carnivore. Elle se nourrit alors de plancton et de petits poissons qu'elle cherche dans le fond.

Nombre de poissons pour 1 m³ d'eau filtrée : 4

Surface minimale de bassin : 25 m²

Profondeur minimale souhaitable : 85 à 105 cm

Rhodeus sericeus amarus Bouvière

La bouvière est un poisson étrange qui s'offre l'assistance d'une moule pour élever sa progéniture...

Description

La bouvière est un petit poisson de 6 à 8 cm pour 10 à 20 g. Son corps est très bossu et comprimé latéralement. Sa queue assez longue a un bord postérieur nettement échancré, mais les autres nageoires sont peu développées. Son dos est gris-vert avec des reflets argentés, et ses flancs sont gris plus clair et marqués d'un trait longitudinal bleuâtre de la queue jusqu'au milieu du corps. Son ventre est blanc rosé, alors que les nageoires sont transparentes. Elle ne vit guère plus de 5 ans.

Mode de vie

La bouvière vit en groupes généralement importants, dans des pièces d'eau calmes dont le fond est composé de sable fin ou d'une couche de vase peu épaisse. La période de reproduction s'étend d'avril à juin. Chaque mâle s'attribue un territoire contenant une moule d'eau douce et le défend âprement contre les intrus. Grâce à un long tube de ponte, la femelle dépose de 30 à 40 œufs dans la coquille de la moule. Leur développement s'effectue à l'intérieur de la moule, que les alevins quittent au bout de deux à trois semaines.
Il faut donc introduire autant de moules que de bouvières mâles !

Alimentation

La bouvière se nourrit d'organismes vivant au fond du bassin : crustacés, vers et larves d'insectes essentiellement.

Nombre de poissons pour 1 m³ d'eau filtrée : 16

Surface minimale de bassin : 10 m²

Profondeur minimale souhaitable : 85 à 105 cm

Rutilus rutilus Gardon

Le gardon est un poisson de banc à réserver aux grands bassins.

Description

Le gardon, très connu des pêcheurs, est un poisson de 15 à 30 cm de long pour un poids de 100 à 200 g. Il présente un corps plus ou moins allongé, aplati sur les flancs, garni de grandes écailles brillantes. Sa tête est proportionnellement petite, avec deux yeux rougeâtres et une bouche horizontale pourvue d'une unique rangée de dents au niveau du pharynx. Le gardon est vert bleuté sur le dos, son ventre est blanc rosé et ses flancs verdâtres. Sa nageoire dorsale est implantée à l'aplomb des ventrales (ce qui le distingue du rotengle) et sa queue est nettement échancrée. Les nageoires pectorales, dorsale et caudale sont brunes, les ventrales et l'anale sont teintées de rouge. Un gardon peut vivre 10 ans.

Mode de vie

Le gardon est grégaire et vit en groupes importants. Il se plaît dans l'eau stagnante d'un bassin à condition que le fond soit pierreux ou sableux. Il résiste bien à la pollution et s'accommode ainsi d'un bassin non filtré. Il se tient souvent dans la végétation aquatique à proximité du fond, dans les zones courantes et les remous. Il apprécie donc les cascades.
Le frai a lieu d'avril à juin, en eau peu profonde dont la température atteint 10 °C au minimum, sur fond pierreux et à végétation dense. Toutes les femelles d'un même groupe pondent en même temps. Elles déposent chacune 100 000 œufs qui adhèrent aux plantes aquatiques. L'éclosion a lieu au bout de huit à quinze jours.

Alimentation

Le gardon se nourrit de larves et d'insectes adultes, de mollusques, de crustacés, de plancton, d'algues, de mousses et d'œufs de carpe.

Nombre de poissons pour 1 m³ d'eau filtrée : 8

Surface minimale de bassin : 25 m²

Profondeur minimale souhaitable : 85 à 105 cm

Scardinius erythrophthalmus Rotengle

Le rotengle est un poisson de surface qui partage le même habitat que le gardon, auquel il ressemble beaucoup. Il est cependant plus coloré.

Description

Il présente un corps ovale et trapu (plus arrondi que celui du gardon), couvert de grandes écailles et comprimé sur les flancs. Sa longueur oscille entre 15 et 30 cm pour un poids d'environ 200 g. Il a le dos bleu verdâtre, les flancs mordorés et le ventre gris argenté. Sa queue est échancrée et les nageoires ventrales sont placées bien plus en avant que la dorsale. La nageoire dorsale est implantée en arrière des ventrales (ce qui le distingue du gardon).
La nageoire dorsale est brun-rouge, et les parties extérieures des ventrales, de l'anale et de la queue sont rouge vif. Un rotengle peut vivre 10 ans.

Mode de vie

Comme le gardon, le rotengle vit en colonies, souvent à proximité des rives. Il apprécie les eaux calmes à fond vaseux des bassins ou des eaux faiblement courantes et riches en végétation aquatique. Il fraie d'avril à juin dès que la température de l'eau dépasse 12 °C. La femelle pond alors, en eau peu profonde, entre 90 000 et 200 000 œufs sur les pierres et la végétation aquatique. Le développement dure de huit à quinze jours. En hiver, le rotengle séjourne plus en profondeur et devient inactif quand l'eau est très froide.

Alimentation

Il se nourrit d'algues, de mousses, de plantes aquatiques, voire de petits mollusques et crustacés.

Nombre de poissons pour 1 m^3 d'eau filtrée :
8

Surface minimale de bassin :
25 m^2

Profondeur minimale souhaitable :
85 à 105 cm

Tinca tinca Tanche

La tanche est recherchée par les gourmets pour sa chair tendre et savoureuse. La tanche dorée est quant à elle élevée comme poisson d'ornement.

Description

La tanche présente un corps trapu et effilé avec le dos bombé. Sa tête est imposante avec un double gros barbillon à la bouche. Elle a la peau très visqueuse, comme celle d'une anguille, et recouverte de petites écailles. Si la tanche des pêcheurs est verdâtre ou brune avec des éclats cuivrés, la tanche dorée est jaune-orangé ou rougeâtre. C'est un poisson qui peut atteindre 25 à 30 cm de long, et 250 g. Ses nageoires ont souvent les bords émoussés. Elle affiche une durée de vie de 10 ans et plus.

Mode de vie

Très rustique, la tanche est peu sensible à l'abaissement du taux d'oxygène dans l'eau. Elle accepte donc les bassins d'ornement sans système de filtration. Le poisson idéal pour commencer ! Le frai a lieu de mai à juillet en eau calme et peu profonde. 300 000 œufs sont ainsi fixés sur la végétation. L'éclosion se produit au bout de six jours. La tanche hiberne dans la vase. Il faut donc absolument prévoir une couche de 20 cm de terre au fond du bassin.

Alimentation

Elle se nourrit de diptères, de mollusques, de gastéropodes et de débris végétaux qu'elle trouve sur la vase.

Nombre de poissons pour 1 m^3 d'eau filtrée :
3

Surface minimale de bassin :
25 m^2

Profondeur minimale souhaitable :
45 à 65 cm

Le Dictionnaire

Les mots des bassins

A

Acide

Se dit d'une terre, d'un substrat ou d'une eau dont le pH est inférieur à 7.

Au jardin, les terres acides sont représentées par la terre dite de bruyère, très appréciée par les rhododendrons. Pour rendre une terre plus acide, on lui incorpore de la terre de bruyère ou de la tourbe.

➲ *Substrat*

Aisselle

Si chez l'être humain, l'aisselle est sous le bras, chez les plantes, elle correspond à l'angle formé par le pétiole de la feuille et la partie supérieure de la tige sur laquelle il est implanté.

C'est généralement de l'aisselle que démarrent les bourgeons et donc les rameaux. Lorsque l'on taille une plante, on coupe toujours au-dessus de cette aisselle, pour provoquer un afflux de sève et donc le démarrage et le développement du bourgeon. Il faut toutefois prendre garde de couper 1 cm au-dessus de l'aisselle pour ne pas faire sécher les vaisseaux qui alimentent le bourgeon.

Ajutage

Il s'agit d'un embout percé de trous, monté à l'extrémité d'un tube vertical.

En fonction du nombre de trous, de leur forme et de leur diamètre, on obtient des jets d'eau de formes variées. L'ajutage doit être choisi avec soin pour s'harmoniser avec le style et les dimensions du bassin. On alimente généralement l'ajutage avec une pompe spécifique et différente de celle qui est associée au filtre, afin de pouvoir moduler son débit. Ainsi, pour que le jet d'eau ne soit pas dévié vers l'extérieur du bassin par le vent, sa hauteur ne doit pas dépasser 70 % du diamètre du bassin.

➲ *Le cracheur donne vie au bassin (voir p. 57)*

➲ *Une pompe dans un tonneau (voir p. 60)*

Alcalin(e)

Se dit d'une terre, d'un substrat ou d'une eau dont le pH est supérieur à 7, généralement entre 8 et 10.

C'est la richesse en carbonate de calcium (constituant de la craie) qui détermine l'alcalinité d'un support. Pour augmenter l'alcalinité d'un substrat, on lui incorpore de la chaux ou de la dolomie. Mais cet apport doit être progressif sur plusieurs années pour ne pas bouleverser la vie microbienne.

➲ *Substrat*

Alevin

Il s'agit d'un très jeune poisson.

Au stade alevin, le poisson est très vulnérable, car il peut être la proie de gros poissons adultes, parfois de la même espèce, mais aussi d'autres animaux aquatiques. C'est pourquoi une végétation dense lui est indispensable pour se tenir à l'abri des prédateurs.

➲ *Aux petits soins pour les poissons (voir p. 58)*

Algicide

Produit utilisé pour détruire les algues.

De tels produits doivent être utilisés avec la plus grande circonspection dans un bassin, car leurs effets peuvent avoir des répercussions sur les autres êtres vivants du biotope. Il est toujours préférable de détecter la raison de la prolifération des algues, et d'agir sur cette cause.

➲ *Biotope*

➲ *Lutter contre les algues (voir p. 39)*

➲ *Conserver une eau limpide (voir p. 48)*

Amphibie

Se dit d'une plante ou d'un animal capable de vivre à la fois dans l'eau et sur terre.

La grenouille est amphibie. Chez les végétaux, plusieurs plantes dites de berge sont amphibies, car elles acceptent de pousser aussi bien les pieds dans l'eau que sur la rive dans une terre très humide.

B

Banquettes

Dans un bassin, une banquette est une marche sous le niveau de l'eau.

On peut réaliser plusieurs banquettes à des niveaux différents. Elles ne servent pas du tout à s'asseoir, mais sont destinées à recevoir des paniers ou des conteneurs de plantes qui exigent de pousser à des profondeurs particulières.

➲ *Installer des plantes de berge (voir p. 16)*

Barbillons

Ce sont des appendices qui ornent la bouche de certains poissons.

Généralement au nombre de deux ou quatre, ils sont filiformes et ressemblent davantage à un spaghetti qu'à une barbe. Leur nombre, leur forme et leur disposition permettent d'identifier et de différencier les espèces de poissons.

Barrages de racines

Dispositif enterré qui empêche la prolifération des racines et rhizomes.

Le produit le plus efficace est la barrière antirhizome (BAR 70). Il s'agit d'une bande de plastique épaisse et souple à la fois, d'une largeur de 40 cm environ. On l'enterre autour de la plante à maîtriser, « verticalement », avec une inclinaison d'environ 15 degrés vers l'extérieur. Attention, il faut vérifier régulièrement que des rhizomes ne tentent pas de passer au-dessus de la barrière pour se replanter de l'autre côté…
➲ *Rhizome*

Bassin hors-sol

C'est un bassin réalisé dans un récipient posé sur le sol. Bassine ancienne, tonneau à vin, cuve recyclée sont autant de bassins hors-sol potentiels.

Attention, compte-tenu du faible volume d'eau et de la profondeur réduite, il faut impérativement choisir des plantes peu encombrantes, et surtout les planter dans des paniers ajourés pour pouvoir les entretenir individuellement et bien les maîtriser.
➲ *Installer un bassin hors-sol (voir p. 12)*
➲ *Aménager un bain d'oiseaux (voir p. 54)*

Bassin surélevé

Contrairement au bassin hors-sol, le bassin surélevé est fixe. Il est généralement maçonné, et ses berges sont 30 à 50 cm au-dessus du niveau du sol.

Il permet d'aménager un bassin au niveau d'une cassure du terrain. Sur le niveau supérieur, le bassin est au niveau du sol. Sur le niveau inférieur, la margelle fait office de banquette. Les formes géométriques se prêtent bien à la réalisation de bassins surélevés.

Biotope

Le biotope est un milieu naturel réunissant des conditions écologiques homogènes et stables auxquelles sont adaptés certains êtres vivants, animaux et végétaux.

Construire un bassin dans son jardin revient à créer un nouveau biotope. C'est pourquoi il faut respecter certaines règles pour que la réalisation soit un succès.
➲ *Le bassin et la biodiversité (voir p. 45)*
➲ *Les secrets d'un biotope équilibré (voir p. 63)*

Bractée

Sorte de feuille parfois très colorée, présente chez certaines plantes de bassin, et à l'aisselle de laquelle démarre le pédoncule de la fleur ou d'une inflorescence. La spathe de l'arum est une bractée.
➲ *Aisselle*
➲ *Spathe*

Branchies

Elles désignent les organes du poisson qui lui permettent de capter l'oxygène de l'eau. Elles sont situées de part et d'autre de la tête.

L'observation des branchies des poissons permet souvent de diagnostiquer une maladie ou un problème de qualité de l'eau. C'est pourquoi il faut de temps en temps prélever un poisson à l'épuisette pour l'examiner.
➲ *Aux petits soins pour les poissons (voir p. 58)*

C

Cascade

Chute d'eau artificielle engendrée par une pompe qui puise l'eau dans le bassin pour la refouler sur un niveau supérieur via un tuyau enterré.

Outre son côté esthétique, la cascade contribue à l'oxygénation de l'eau du bassin. Elle est le plus souvent réalisée avec l'eau qui vient de passer à travers le système de filtration, mais elle peut être tout à fait indépendante. Plus elle est importante, plus la cascade est efficace, mais plus elle est bruyante. Dans ce cas, il est préférable qu'elle soit indépendante, et que son fonctionnement soit assuré en journée uniquement par un programmateur.
➲ *Le doux murmure d'une cascade (voir p. 50)*

Chatons

Il s'agit de l'inflorescence de certains arbres, composée de petites fleurs, dont la forme évoque la queue (courte !) d'un chat.

Ce sont généralement les fleurs mâles qui forment des chatons. Ils sont particulièrement décoratifs en fin d'hiver, car ils apparaissent avant les feuilles.

Choc thermique

Réaction à un changement brutal de la température.

Dans un bassin, tous les êtres vivants, mais surtout les animaux, sont sensibles à la température de l'eau. S'ils peuvent s'y adapter, notamment en plongeant dans les profondeurs, ils peuvent aussi en souffrir et même périr, en cas de variations importantes trop brusques. C'est le cas par exemple après une nuée d'orage ou un remplacement d'une trop grande quantité d'eau du bassin après une vidange partielle.

Collet

Limite virtuelle entre la partie souterraine de la plante représentée par les racines, et la partie aérienne représentée par les tiges et les feuilles.

Il est important de bien savoir repérer le collet d'une plante. En effet, lors de la plantation, il indique la bonne profondeur à respecter pour ne pas trop ou insuffisamment enterrer la plante.

➲ *Installer des plantes de berge (voir p. 16)*
➲ *Planter au fond du bassin (voir p. 18)*
➲ *Planter en panier ajouré (voir p. 28)*

Conteneur

Récipient en plastique, souvent noir, utilisé pour élever et vendre des végétaux.

Il existe des conteneurs de différentes capacités, de un à plusieurs centaines de litres. Dans un bassin, ils permettent de cultiver des plantes immergées envahissantes en empêchant les racines ou rhizomes de conquérir tout le site. Dans ce cas, il faut toujours choisir des conteneurs avec poignées, pour faciliter les manipulations lors de la sortie ou de l'immersion.

➲ *Installer des plantes de berge (voir p. 16)*
➲ *Planter au fond du bassin (voir p. 18)*
➲ *Planter en panier ajouré (voir p. 28)*

Cracheur

Sujet en métal, plastique ou pierre et représentant le plus souvent un animal. Il est relié à une pompe par un petit tuyau discret, et refoule un petit jet d'eau dans le bassin. Ce jet provient le plus souvent de la gueule de l'animal.

Le cracheur est avant tout décoratif : s'il contribue à l'oxygénation de l'eau, c'est de façon très inférieure à celle d'une cascade…

➲ *Un bassin sur la terrasse (voir p. 47)*
➲ *Le cracheur donne vie au bassin (voir p. 57)*

Cubes à libération lente

Ce sont des cubes d'environ deux centimètres de diamètre, constitués de grains d'engrais jaunâtres agglomérés.

Ils sont ainsi faciles à manipuler. Il suffit en effet de faire un trou dans le substrat avec le doigt, puis d'y introduire un cube avant de reboucher. Ils sont « à libération lente » car les grains se dissolvent progressivement sous l'action de l'humidité, libérant ainsi doucement leurs principes actifs au fur et à mesure des besoins de la plante.

D

Débit

Le débit de l'eau représente la quantité d'eau qui s'écoule en un temps donné. On l'exprime en litres par heure.

Le débit est une notion importante au moment d'équiper un bassin, car c'est la caractéristique essentielle de la pompe. Elle doit en effet être en mesure de faire passer tout le volume d'eau du bassin à travers le filtre en deux heures. Il est conseillé de retenir une pompe plus puissante que ses besoins réels..

➲ *Pompe*

E

Eau blanche, eau noire

L'eau blanche est une eau trouble à cause de la présence de fines particules terreuses en suspension. L'eau noire est paradoxalement transparente, mais simplement teintée par la présence d'acide humique provenant d'une décomposition importante des déchets végétaux et animaux dans le bassin.

➲ *Conserver une eau claire (voir p. 48)*

Écouvillons

Se dit de certaines plantes dont l'implantation des feuilles autour des tiges évoque la brosse cylindrique utilisée pour nettoyer l'intérieur des bouteilles.

La cornifle et la myriophylle sont des plantes aquatiques à feuillage en écouvillon. Leurs nombreuses feuilles immergées contribuent, par leur grande surface d'échange avec l'eau, à l'oxygénation du milieu.

Enrochements

Il s'agit d'un aménagement artificiel constitué de roches naturelles.

Pour obtenir un effet naturel réussi, il faut absolument réunir des blocs de différentes tailles, et surtout toujours mettre les plus grosses dans la partie basse de la pente. Dans la nature, les pierres les plus grosses sont les plus lourdes et descendent donc plus vite et plus bas que les plus légères. Une minipelleteuse est souvent utile pour effectuer ces aménagements rapidement, sans effort ni risque de blessures.

F

Faucarder

Couper les herbes dans une pièce d'eau avec un faucard, c'est-à-dire avec une faux à long manche. Faucarder signifie aujourd'hui faucher les plantes de berge envahissantes. Si on peut toujours le faire à l'aide d'une faux, il existe maintenant des accessoires à monter à la place de l'outil rotatif sur certaines débroussailleuses portatives,qui permettent de couper les plantes directement sous l'eau.

Feutre géotextile

Toile souple évoquant une moquette, perméable à l'air et à l'eau, mais très résistante à la perforation.

On l'utilise généralement en couche protectrice sous un liner, mais aussi pour tapisser l'intérieur des paniers ajourés et retenir la terre dans le contenant. On parle souvent de « non tissé » ou de Bidim, du nom de la première marque qui a développé le produit.

Film d'étanchéité

➲ *Liner*

Foisonnement

Le foisonnement est un phénomène qui touche les matériaux pulvérulents, et qui s'applique surtout à la terre. Il s'agit de l'augmentation de volume après l'ameublissement.

Ainsi, si on creuse un trou d'un mètre cube dans son jardin, puis qu'on le rebouche aussitôt, on a toujours trop de terre. C'est que la terre a foisonné. C'est un point important à prendre en compte lorsque l'on réalise un bassin, car il faut penser à la réutilisation de la terre excavée.

➲ *Créer un relief avec de la terre d'excavation (voir p. 62)*

Folioles

La foliole est une des divisions d'une feuille dite composée.

On la prend généralement pour une feuille, alors qu'elle n'est qu'une partie du limbe relié à la nervure centrale de la feuille. La feuille de l'acacia ou du rosier est formée de plusieurs folioles.

Frai

Période pendant laquelle les poissons modifient leur comportement, avant et pendant la reproduction.

Changements de couleurs, irritabilité et agressivité sont les premiers symptômes du frai. Viennent ensuite les phases de reproduction, de ponte, puis éventuellement de surveillance des œufs.

G

Grégaire

Se dit d'une espèce animale qui vit en groupe, sans qu'il y ait pour autant une hiérarchie dans la communauté.

Certains poissons ne vivent qu'en groupe, et doivent donc toujours être introduits à plusieurs exemplaires dans un bassin.

H

Hélophyte

Ce terme caractérise les plantes dont les racines se développent sous l'eau ou dans une terre gorgée d'eau, mais dont la partie supérieure est aérienne. L'iris des marais est une plante hélophyte.

Humifère

Ce terme qualifie une terre riche en humus (ou matière organique).

Cet humus est le résultat de la décomposition de matériaux naturels. Une terre humifère retient bien l'humidité et est riche en azote – nécessaire à la vie des micro-organismes.

Hydrophyte

Se dit des plantes poussant exclusivement dans l'eau ou sur l'eau. Toutes les plantes aquatiques sont hydrophytes.

L

Lagunage

Dispositif de filtration de l'eau par des moyens naturels et notamment des plantes aux vertus nettoyantes.

C'est le principe retenu pour les piscines et autres baignades naturelles. Contigu au bassin d'ornement, un bassin de filtration dont le fond est tapissé de pierre de lave de faible granulométrie est planté de roseaux, de massettes et autres plantes similaires. La filtration est assurée par des bactéries qui décomposent tous les éléments organiques en suspension dans l'eau.
➔ *Une piscine naturelle (voir p. 40)*

Liner

Il s'agit d'un film ou d'une membrane que l'on utilise pour tapisser le fond du bassin et assurer l'étanchéité.

Il est proposé en deux matériaux principaux : le PVC et le butyle de caoutchouc (ou caoutchouc butylique). Le PVC est facile d'emploi et garanti jusqu'à 20 ans par les fabricants. Le caoutchouc est plus épais et donc plus lourd à manipuler. Il est plus résistant, et garanti jusqu'à 50 ans.
➔ *Créer un bassin avec un film souple (voir p. 8)*

M

Matière organique

➔ *Humifère*

Mellifère

Se dit des plantes qui produisent beaucoup de sucs avec lesquels les abeilles fabriquent le miel.

Les plantes mellifères sont nécessaires dans un bassin pour attirer les insectes aquatiques. Ces derniers participent à la vie du bassin, en pondant leurs œufs et leurs larves, qui représentent une partie de la nourriture des animaux aquatiques.

Membrane souple

➔ *Liner*

N

Nageoires

Nageoire caudale : celle de la queue.
Nageoires ventrales : celles qui sont implantées sous le ventre du poisson. Ce sont les plus basses.
Nageoires anales : celles qui sont implantées à l'arrière, au niveau de l'anus.
Nageoire dorsale : celle implantée sur le dos du poisson.
Nageoires pectorales : celles qui sont implantées sur les flancs du poisson, juste derrière les branchies.

Nutriments

Ce sont des éléments organiques ou minéraux en suspension dans l'eau, et qui servent de base à l'alimentation des animaux comme des plantes aquatiques.

Ces nutriments sont les sucres de glucose, le carbone et autres composés chimiques que les cellules vivantes utilisent pour leur fonctionnement.

P

Paillage

Ce mot est la traduction du mot anglais *mulch*.

Pailler, c'est recouvrir la terre nue pour empêcher les mauvaises herbes de pousser, retenir l'humidité dans les couches superficielles du sol, protéger la terre des agressions météorologiques et garantir en hiver une protection antigel aux souches des plantes vivaces. C'est aux plantes de rives que s'applique bien sûr le paillage…

Paniers ajourés

Ce sont des contenants en plastique noir, comme les conteneurs, mais dont les parois et le fond ne sont pas pleins mais ouverts à travers un maillage.

Il existe des paniers de plusieurs tailles et de plusieurs formes, carrées, rondes, en haricots... Les paniers présentent le même intérêt que les conteneurs, c'est-à-dire que les plantes peuvent être facilement extraites du bassin pour les entretenir et notamment les diviser. Il ne faut par contre pas les retenir pour les plantes plutôt envahissantes, car les rhizomes peuvent très bien franchir les mailles et coloniser le bassin.

Photosynthèse

Faculté propre aux végétaux verts d'absorber le gaz carbonique de l'air pour l'utiliser avec la chlorophylle qu'ils contiennent afin de transformer les éléments minéraux puisés par les racines en nourriture pour leurs cellules. L'opération permet en outre le rejet d'oxygène.

La photosynthèse ne peut s'effectuer qu'à la lumière. Elle ne se produit donc que pendant la journée. Les plantes aquatiques immergées sont tributaires des plantes à feuilles flottantes, car ces dernières assombrissent l'eau en profondeur. C'est la faculté de rejeter de l'oxygène qui est exploitée par l'utilisation de plantes dites oxygénantes.

Plancton

Le plancton est l'ensemble de microscopiques organismes vivants, végétaux et animaux, qui vivent en suspension dans l'eau.

On distingue le phytoplancton, constitué de végétaux comme les algues, et le zooplancton, constitué d'animaux comme les larves, les œufs, les organismes unicellulaires... Le plancton sert de nourriture à de nombreuses espèces aquatiques.

Plante de berge

Cette expression qualifie les végétaux qui poussent sur les bords de la pièce d'eau, et dont les racines doivent être maintenues dans une terre humide en permanence. Ils peuvent même pour certains pousser dans l'eau à faible profondeur. On les appelle parfois plantes de rive.

Ce sont les gunnères, les iris, les arums, etc.

➲ *Installer des plantes de berge (voir p. 16)*

Plante envahissante

Se dit des plantes qui se multiplient et se propagent rapidement dans le bassin, avec le risque d'étouffer les autres plantes ou de déséquilibrer l'écosystème.

Le jonc, certaines renouées, la jacinthe d'eau comptent parmi les plantes à surveiller de près.

Plante flottante

Il s'agit des plantes dont tout ou partie des feuilles flottent à la surface de l'eau, alors que leurs racines s'accrochent à un point fixe comme le fond du bassin, des roches, le substrat d'un panier ou d'un conteneur...

Les nymphéas sont les plus représentatifs de cette catégorie.

Plante immergée

Ce sont les plantes dont l'intégralité du feuillage se développe en dessous du niveau de l'eau. La plupart sont considérées comme envahissantes.

La myriophylle est une plante immergée très décorative.

Plante nageante ou dérivante

Ce sont des plantes qui dérivent à la surface de l'eau, sans que leurs racines s'accrochent à un point fixe comme un substrat, des roches, d'autres plantes...

La lentille d'eau est la plus connue des plantes flottantes, mais il y a aussi la laitue d'eau, la jacinthe d'eau...

Plante oxygénante

Ce sont des plantes généralement immergées et rustiques, contribuant à l'équilibre biologique du bassin en rejetant dans l'eau une quantité d'oxygène importante.

L'élodée est la plus courante, mais il faut aussi citer la cornifle, la myriophylle et l'utriculaire.

➲ *Tirer parti des plantes oxygénantes (voir p. 49)*

Plante rustique

Une plante est qualifiée de rustique si elle supporte sans dommage et sans protections particulières des températures négatives.

Certaines espèces sont rustiques jusqu'à – 5°C, d'autres jusqu'à – 10°C, etc.
Il ne faut pas confondre rustique et persistant. Ainsi, beaucoup de plantes rustiques perdent naturellement leur feuillage à l'entrée de l'hiver, mais la souche survit et développe de nouvelles feuilles au printemps.

Pneumatophores

Il s'agit de protubérances verticales et issues des racines des arbres qui poussent en milieu aquatique. En s'élevant au-dessus du niveau de l'eau, ces « tubas » permettent aux racines de respirer.

Les cyprès chauves et les palétuviers sont les arbres les plus connus pour leurs spectaculaires pneumatophores.

Pompe

Appareil électrique, immergé ou sur la berge, qui aspire l'eau du bassin pour la refouler vers un système de filtration avant qu'elle ne soit rejetée dans le bassin.

Il peut être utile d'équiper son bassin de plusieurs pompes si l'on souhaite réaliser une cascade ou alimenter un jet d'eau décoratif.

➔ *Filtrer l'eau (voir p. 14)*
➔ *Entretenir le bassin (filtre, pompe, berges...) (voir p. 26)*
➔ *Une pompe dans un tonneau (voir p. 60)*

Pompe vide-cave

C'est une pompe électrique pouvant fonctionner immergée, pourvue d'un flotteur qui commande la mise en route dès que le niveau de l'eau atteint une cote préalablement définie.

Dans un bassin, elle est utile pour vidanger tout ou partie de l'eau, mais il faut impérativement utiliser un modèle pour eaux chargées, acceptant de grosses particules.

➔ *Vider le bassin (voir p. 56)*

Q

Quarantaine

Il s'agit ici de quarantaine sanitaire. Mettre une plante ou un animal en quarantaine, c'est l'exclure ou l'isoler d'un groupe, pour qu'il ou elle ne risque pas de contaminer ses congénères par une maladie dont il ou elle serait porteur (euse).

La quarantaine est vivement conseillée avant toute nouvelle introduction dans un bassin bien équilibré, surtout si le nouvel être vivant a été prélevé dans la nature ou dans un autre bassin.

➔ *Installer des poissons (voir p. 24)*

R

Règle de maçon

Il s'agit d'un accessoire en bois ou aujourd'hui plus souvent en aluminium, parfaitement rectiligne et de longueur variable, servant entre autres à contrôler les niveaux entre deux points.

Sur de grandes longueurs, on utilisera plutôt un tuyau d'arrosage rempli d'eau, aux extrémités duquel on aura fixé un entonnoir.

Rhizome

Bien que se développant souvent sous terre, le rhizome est une tige horizontale qui produit des racines sur sa face inférieure et des tiges sur sa face supérieure. C'est le moyen de propagation et de multiplication de beaucoup de plantes.

Les iris des marais et les lotus sont des plantes à rhizomes.

➔ *Barrage de racines*

S

Sécurité des enfants

L'eau fascine et attire les enfants. Un bassin, même surélevé, même de faible profondeur, constitue donc un danger réel avec un évident risque de noyade.

La meilleure parade reste une surveillance permanente des enfants par une personne responsable. Il est toutefois plus rassurant de poser une clôture autour de la pièce d'eau, d'une hauteur d'environ 60 cm. Pour un résultat aussi esthétique qu'efficace, retenez le saule tressé, les claustras, une haie d'arbustes taillés, etc.

Sécurité électrique

L'alimentation électrique est absolument nécessaire pour faire fonctionner les équipements du bassin. Or chacun sait que l'eau et l'électricité ne font jamais bon ménage. Il faut donc impérativement respecter d'importantes règles de sécurité :

- La source de courant domestique en 230 volts (près du disjoncteur) doit comporter un différentiel de sécurité de 30 mA (milliampères). Ce dispositif coupe l'alimentation électrique au moindre incident, et surtout avant de ressentir la moindre « poignée de châtaignes ».
- Les câbles électriques, entre la maison et le bassin, doivent être enterrés aux profondeurs réglementaires (60 cm, voire 1 m si passage de véhicules) et surtout placés sous gaine de protection et grillage avertisseur rouge.
- Veillez lors de l'achat de la pompe et autres équipements qu'ils soient conformes aux normes de sécurité pour un usage en extérieur et en milieu aquatique.

➲ *Éclairer son bassin (voir p. 44)*

Skimmer

Orifice situé à la périphérie du bassin, juste au niveau de la surface de l'eau, qui draine et récupère dans son filtre tout ce qui flotte sur l'eau.

Spadice

Il s'agit de l'inflorescence de certaines plantes, en épi ou en panicule de nombreuses petites fleurs serrées les unes contre les autres. Le spadice forme une sorte de tube, comme c'est le cas chez l'arum.

Spathe

C'est un mot féminin. La spathe est une bractée particulière, en forme de cornet caractéristique, enveloppant le spadice de certaines fleurs. Elle est souvent blanche, mais peut chez certaines variétés prendre des couleurs pastel.

L'arum est la plus connue des plantes aquatiques à spathe.

➲ *Bractée*

Substrat

Support dans lequel viennent s'ancrer les racines des plantes. Le substrat est généralement de la terre, mais il s'agit souvent d'un mélange terreux à base de tourbe, de terreau de feuilles, d'argile, de sable, etc.

En bassin, on utilise le plus souvent une terre de jardin argileuse ou du terreau spécialement conçu pour plantes aquatiques.

➲ *Installer des plantes de berge (voir p. 16)*
➲ *Planter au fond du bassin (voir p. 18)*
➲ *Planter en panier ajouré (voir p. 28)*

U

Ultraviolets lampe UV

Les ultraviolets (ou UV) sont les rayons lumineux dont la longueur d'onde se situe entre celle du violet et celle des rayons X.

En milieu aquatique, les ultraviolets sont produits par des lampes spéciales que l'on associe aux filtres traditionnels. Les ultraviolets ont en effet la faculté de détruire les algues toutes fines qui troublent l'eau. La puissance du filtre UV est à choisir en fonction du volume d'eau : 2 watts pour un mètre cube.

➲ *Lutter contre les algues (voir p. 39)*
➲ *Conserver une eau limpide (voir p. 48)*

V

Verticille

Un verticille est formé d'un ensemble d'organes (fleurs, feuilles, pousses...) issus d'un rameau et prenant tous naissance au même niveau.

Les feuilles de la myriophylle sont verticillées.

Volume d'eau

Relevez le compteur d'eau au début et à la fin du remplissage. La soustraction des deux nombres vous indiquera le volume exact de votre bassin.

Il est important de connaître le volume d'eau pour choisir une pompe ou un filtre, pour savoir combien de poissons vous pouvez introduire, ou encore la quantité de produit à apporter lors d'un traitement.

Z

Zooplancton

➲ *Plancton*

Index

F

G

H

I

J

L

M

N

O

P

R

S

T

U

V

Z

Crédits

Photographies
Les photographies illustrant ce livre ont été fournies par l'agence MAP/Mise au point
(ZAC des Aunettes, D27-10, bd Louise-Michel, 91030 Evry Cedex).
Ont collaboré :
D. Bernardin : 45 bas gauche
S. Bouneau : 45 haut gauche
D. Brochard : 91 bas
F. Buffetrille : 37 droite, 72 haut
A. Descat : 6, 36 haut, 43 bas, 45 gauche, 49 gauche, 63 gauche, 70 bas, 73 bas, 75 bas, 76 haut, 79 haut, 85 haut, 87 haut, 88 haut, 94 haut, 95 haut, 96 bas
F. Didillon : 34, 59, 63 droite, 74 bas, 76 bas, 77 haut, 82 bas, 87 bas, 104
J. Y. Grospas : 68 bas
A. Guerrier : 71 haut, 89 haut, 89 bas, 94 bas
F. Lamarque : 99 bas
N. et P. Mioulane : 37 gauche, 38, 39, 44 gauche, 48 gauche, 48 droite, 49 droite, 54 gauche, 54 droite, 57 haut, 58, 59 bas droite, 61 droite, 62, 64, 65, 70 haut, 72 bas, 80 haut, 81 haut, 84 haut, 84 bas, 90 bas
Y. Monel : 61 gauche, 77 bas, 86 haut, 90 haut, 92 haut, 93 haut
C. Nichols : 40, 43 haut, 44 droite, 50, 92 bas, 95 bas
P. Nief : 75 haut, 78 bas, 81 bas, 86 bas
Noun : 36 bas, 41, 59 bas gauche, 78 haut, 80 bas, 91 haut, 96 haut
E. Ossart : 82 haut
N. Pasquel : 51, 66
F. Strauss : 30, 42, 46, 57 bas, 60, 68 haut, 74 haut, 79 bas, 85 bas, 88 bas, 93 bas
F. Tournay : 69 haut

À l'exception de :
J. C. Arnoux : 69 bas, 71 bas, 73 haut
E. Vigneux : 101 haut

Dessins
Denise Bazin
À l'exception de :
archives Larousse : 98 haut, Chantal Beaumont ; 98 bas, Franck Boutevin ; 102 haut, Bernard Delanghe
Gismonde Curiace : 99 haut, 100 haut, 100 bas, 101 bas, 102 bas, 103 haut, 103 bas

Direction éditoriale
Catherine Delprat

Édition
Sylvie Cattaneo assistée de
Cécile Beaucourt et de Laure Sérullaz

Direction artistique
Emmanuel Chaspoul

Conception graphique
Jean-Yves Grall

Mise en page
Jacqueline Bloch

Lecture-correction
Catherine Maillet

Illustrations
Photographies : © Agence MAP/Mise au point
Dessins : Denise Bazin

Couverture
Véronique Laporte

Fabrication
Annie Botrel

Les Jardineries Truffaut

Truffaut Amiens
RN 29
80330 Longueau

Truffaut Angoulême*
C. C. Auchan/Chantemerle
16400 La Couronne

Truffaut Arcueil
C. C. La Vache Noire
Carrefour de la Vache Noire
94110 Arcueil

Truffaut Aubagne*
CD 2, route de Gémenos
13400 Aubagne

Truffaut Baillet-en-France
RN 1 (direction la Croix-Verte)
95570 Baillet-en-France

Truffaut Blois
ZAC de la Perrière
41350 Saint-Gervais-la-Forêt

Truffaut Buchelay
Les Graviers
ZA Les Closeaux
78200 Buchelay

Truffaut Cabriès
ZAC Grande Campagne
BP 39 Plan de Campagne
13480 Cabriès

Truffaut Cergy
Route de Courcelles
95650 Puiseux-Pontoise

Truffaut Châtenay-Malabry
72, avenue Roger-Salengro
92290 Châtenay-Malabry

Truffaut Colmar
RN 83 - 2, route de Strasbourg
Zone Commerciale de Houssen
68125 Houssen

Truffaut Colomiers
ZAC du Perget
Chemin du Loudet
31770 Colomiers

Truffaut Coutevroult
La Mare aux Poissons - CD 406
(direction Bailly-Romainvilliers)
77580 Coutevroult

Truffaut Deauville
834, route de Paris
14800 Deauville

Truffaut Gisors*
Route de Paris
27140 Gisors

Truffaut Gournay
Jardinerie Jullien - Route de Paris
76220 Gournay-en-Bray

Truffaut Herblay
RN 14 - La Patte d'Oie
95480 Pierrelaye

Truffaut Isneauville
Jardinerie Jullien
100, route de Neufchâtel
76230 Isneauville

Truffaut Ivry-sur-Seine
5, rue François-Mitterand
94200 Ivry-sur-Seine

Truffaut La Rochelle*
Rue du 11-Novembre
C. C. Beaulieu
17138 Puilborea

Truffaut La Ville-du-Bois
RN 20
91620 La Ville-du-Bois

Truffaut Le Chesnay
C. C. Parly 2 - Local poste 633
78158 Le Chesnay Cedex

Truffaut Le Mans
ZAC de Vauguyon
Rue Robert-Collet
72100 Le Mans

Truffaut Les Ulis
ZAC de Courtabœuf
22, avenue des Andes
91940 Les Ulis

Truffaut Lorient*
C. C. K2
Bld Mendès-France Keryado
56100 Lorient

Truffaut Mauguio
C. C. Fréjorgues Ouest
77, rue Hélène-Boucher
34130 Maugio

Truffaut Mérignac
Avenue de l'Argonne
Domaine de Pelus
33700 Mérignac

Truffaut Nantes
258, route de Vannes
44700 Orvault

Truffaut Nîmes
400, rue Michel-Debré
CS 71033
30900 Nîmes Cedex 2

Truffaut Orléans
Route de Sandillon
45650 Saint-Jean-le-Blanc

Truffaut Pace
C. C. Cora Opéra
ZAC de la Giraudais
35740 Pace

Truffaut Paris Grand Stade
Quartier Stade de France
2, rue Jesse-Owens
93217 La Plaine Saint-Denis
Cedex

Truffaut Paris Seine Rive Gauche
85, quai de la Gare
75013 Paris

Truffaut Pau
ZAC du Mail
1 à 7, rue Robert-Schuman
64140 Lons

Truffaut Plaisir
RN 12 - ZAC de Ste-Apolline
78370 Plaisir

Truffaut Ponthierry
RN 7
77310 Saint-Fargeau-Ponthierry

Truffaut Quimper*
7, rond-point de Gutenberg
Lieu-dit de Kervillier
29000 Quimper

Truffaut Rennes
Centre Alma
Allée d'Ukraine
35200 Rennes

Truffaut Rosny-sous-Bois
C. C. Domus
16, rue de Lisbonne
93562 Rosny-sous-Bois

Truffaut Saint-Malo
C. C. Cora
Le Moulin du Domaine
35430 Saint-Jouan-des-Guérets

Truffaut Saint-Maximin
C. C. Cora - RN 16
60740 Saint-Maximin

Truffaut Saint-Quentin
C. C. Cora
02100 Saint-Quentin

Truffaut Servon
RN 19 - Ferme de Servon
77170 Servon

Truffaut Toulouse
Les Jardins de Balma
Route de Lavaur
31130 Balma

Truffaut Tours
5, rue du Professeur-Maupas
ZI N° 2
37170 Chambray-les-Tours

Truffaut Trégueux
ZA du Rond-Point de Brezillet
Rue Claude-Sautet
22950 Trégueux

Truffaut Vélizy 2
C. C. Vélizy 2
41 bis, avenue de l'Europe
78140 Vélizy-Villacoublay

Truffaut Villeparisis
RN 3 - Route de Villevaudé
77270 Villeparisis

Truffaut Wittenheim
RD 430 - Rue de la Forêt
68270 Wittenheim

(*) Partenaires indépendants
Plans d'accès et horaires
d'ouverture sur Internet :
www.truffaut.com

Photogravure Nord Compo, Villeneuve d'Ascq – Imprimé en Espagne par Graficas Estella, Estella
Dépôt légal : mars 2007 – 300788/01-11004378 février 2007